조근조근
제주신화

1

조근조근
제주신화1
천지왕부터
설문대할망까지
우리 신화로 배우는
문화 창조 이야기

여연 지음

제주신화연구소 이사장 문무병

제주의 할머니들은 나들이 갈 때, "어디 감수과?" 물으면, "굿 밧디 감져" 하고 대답한다. 밭에 가 일하는 것만큼 굿밭에 가는 일도 중요했던 생활이 느껴진다. 많은 굿밭을 다녀야 했던 할머니들 가운데는 이야기꾼이 있었다.

제주 사람에게 굿은 생활의 일부였다. 두이레 열나흘 보름달이 완성되는 동안 해야 끝나는 제주큰굿에서는 많은 본풀이가 구송된다. '본풀이'는 '신의 본(本)을 푼다'는 신의 이야기, 신화다. 제주큰굿은 많은 본풀이와 제주어를 심방의 구송을 통하여 들려주는 구비문학사전이다. 칠머리당영등굿은 유네스코 세계무형문화유산 대표 목록으로 지정되었고, 제주큰굿은 제주 무형문화재로 지정되었다. 특히 제주큰굿에서 풍부하게 전승되는 '본풀이'라는 제주신화는 세계에 널리 자랑할 만한 문화유산이다.

그러나 아직까지 풍부한 제주신화에 대하여 우리나라에서조차 잘 알려지지 않은 게 현실이기도 하다. 그런 의미에서 제주신화를 널리 알리고 신화 속에 담긴 제주 사람들의 문화를 재조명하고자 꾸준히 연구하고 책으로 엮은 후학들의 노력에 찬사를 보내고 싶다. 이러한 노력의 과정에 조금이나마 도움을 줄 수 있었다면 선학으로서 가슴 뿌듯한 보람이 아닐 수 없다.

『조근조근 제주신화』 세 권은 제주에 전승되고 있는 대표적 제주신화 열여섯 편을 오롯이 펼쳐내고 있다. 신화 속에 담긴 제주의 전통문화와 제주 사람들의 삶을 쉬우면서도 깊이 있게 해설하여 청소년뿐만 아니라 제주신화를 처음 접하는 사람들, 그리고 어느 정도 제주신화에 대해 알고 있는 사람에게도 흥미를 줄 수 있을 것이라 여겨진다.

그리스·로마 신화를 바탕으로 다양한 그림과 조각 등 서양예술이 꽃을 피웠듯이 제주신화 또한 다양한 문화예술 활동에 영감을 줄 수 있는 문화의 원형이라 생각한다. 그래서 제주신화를 바탕으로 한 스토리텔링 작업이 꾸준히 이어지기를 바라며 보다 많은 사람들에게 이 책을 권하고 싶다.

이 땅의 청소년들이 그리스·로마 신화만 알고 삼국유사나 제주신화를 모른다면 그건 아주 불행한 일이다. 제주신화는 무한한 상상력과 창의력의 곳간이다. 그래서 제주신화를 재미있고 알기 쉽게 풀어 쓴 이 책이 청소년들에게 꿈과 희망의 날개를 달아줄 것이라 확신한다. ─ 장일홍, 극작가

책을 펼치는 순간, 당신은 아득바득한 현실세계를 훌쩍 벗어나 시나브로 광대무변한 신화세계의 올레 초입에 서게 된다. 하늘에서는 청이슬 흑이슬이 내리고 오색만물이 변화무쌍으로 가득한 미증유의 세계다. 동기닥동기닥 신인동락의 아찔함과 짜릿함이 어귀마다 널브러져 있다. 하여, 책 속에서 길을 잃어도 좋다. 길을 잃어도 결국 길 위에 있을 테니, 부디 책 속에서 만취하고 대취하시라. ─ 김수열, 시인

할머니 무릎을 베개 삼아 옛이야기를 듣던 모습 같은 건 한국인의 삶에서 사라진지 오래, 우리에게도 신기하고 친근한 신들의 세계가 있었음을 조근조근 들려주는 이 책이 반갑다. 그리스 신화나 해리포터, 미야자키 하야오의 애니메이션에 익숙한 세대와 스마트폰과 유튜브 영상이 대세인 시대, 우리 모두에게 제주신화는 '새로운 발견'이 될 것이다. ─ 김영희, 한겨레신문 논설위원

이웃처럼 친근한 제주의 신들

20년 만에 돌아온 제주에서 '제주신화'를 만났다. 제주에서 나고 자랐으면서도 이렇게 풍부하게 제주신화가 전승되고 있었다는 사실을 잘 몰랐다는 것이 놀라울 정도였다. 나는 신들의 이야기를 읽고 신들이 좌정해 있는 마을길과 숲을 누볐다. 그러면서 제주 사람들의 삶과 아픔, 사랑과 소망, 죽음에 대한 생각과 우주관까지 마주할 수 있었다.

25년간 국어교사로 교단에 서면서 가장 중점을 두었던 것은 독서교육이다. 아이들이 최대한 많은 책을 접할 수 있도록 노력했는데. 권하지 않아도 아이들이 즐겨 찾는 책들이 있었다. 그중 하나가 바로 만화로 된 『그리스·로마 신화』였다. 어떤 학생은 쉬는 시간 종이 울리자마자 먼저 이 책을 차지하려고 도서실로 달려가기도 했다.

나 역시도 '그리스·로마 신화' 속 신들의 이야기를 잘 알고 있었다. 그런데 나중에야 만난 '제주신화'는 그리스·로마 신화 이상으로 내용이 풍부하고 스토리가 다양하였다.

제주신화 속에 등장하는 신들은 친근하게 이웃에서 만날 것 같은 얼굴을 하고 있었다. 우리 할머니들이 가슴 속 응어리 풀어내듯 구성지게 풀어낸 이야기들이기 때문이다. 제주신화는 제주 사람들의 삶과 문화, 기록되지 않은 역사가 담겨 있는 소중한 문화유산이라 할 수 있다.

제주 사람들은 "물로야 뱅뱅 돌아진 섬에", 그러니까 사방이 바다로 둘러싸이고 농사도 잘 안 되는 척박한 섬에서 목숨을 부지하고 살았던 만큼 자신들의 이야기를 투영한 신들의 이야기에서 위로를 받고 힘을 얻으며 살았다. 이렇게 신들의 존재가 아직도 생활방식에 영향을 미치고 있는 것이 제주의 문화이자 풍속이다.

제주에는 예로부터 이사를 가능한 '신구간'에 했다. 신구간(新舊間)은 대한 후 5일째부터 입춘 3일 전까지 7, 8일 동안 행해지는 이사 풍습이다. 이 시기에는 1만 8천여 신들이 모두 하늘로 올라가 옥황상제에게 한 해 동안 일어난 일을 보고한 뒤 새로운 임무를 부여받고 내려온다고 한다. 이른바 신들의 임무 교대 기간이다. 그래서 제주 땅에는 신이 일시적으로 존재하지 않는 공백기가 생기는 것이다. 사람들은 신들이 없는 이 기간에 이사나 집수리 등 평소에 금기되었던 일들을 하여야 동티가 나지 않는다고 생각했다.

제주신화는 주로 무속신앙을 통해서 전승되고 있다. 두 이레 열나흘 동안 이어지는 제주큰굿에서 신화가 구송된다. 신들의 이야기인 신화를 제주에서는 본풀이라고 하는데, 본풀이는 '신의 본(本)을 풀어낸다'는 의미이다. 신의 탄생과 성장 과정, 혼인과 출산, 공을 세우고 좌정하기 등의 내용으로 되어 있다.

"신의 본(本)을 풀면 신나락 만나락하고, 생인(生人)의 본을 풀면 백년원수가 된다"는 말이 있다. 신의 내력담을 풀어내면 신의 영험함이 드러나면서 신명이 절로 나고, 산 사람에 대해 따지고 들면 험담으로 흘러가서 원수지간이 된다는 의미이다. 신들의 이야기인 본풀이를 읊는 것은 신을 칭송하여 신을 기쁘게 함으로써 인간들을 지켜주고 하는 일이 잘 되도록 도와주기를 바라는 마음이 담겨 있다.

제주에 전해지는 신화인 본풀이는 보통 당본풀이와 일반본풀이 그리고 조상본풀이로 구분한다. 제주의 각 마을에는 신들이 좌정한 신당이 많게는 여섯, 일곱 개까지 존재하고 있는데, 마을의 성소인 신당에는 당신화, 즉 당본풀이가 전해지고 있다. 당신화는 내용이 짧은 것들이 대부분이지만 그 속에는 마을의 형성과 관련 있는 설촌 역사와 지역문화가 담겨 있어 선인들의 삶을 이해하는 데 중요한 자료가 되고 있다.

신들이 좌정해 있는 성소인 신당은 마을 근처 호젓한 숲에 자리하고 있는 것이 대부분이다. 당에 이르는 길인 당올레는 그윽하고 호젓한 분위기를 자아내며, 오랜 세월을 품고 있는 신목 팽나무도 인상적이다. 그리고 사람들이 다녀간 역사가 지전물색에 담겨 있어 선인들의 삶과 문화가 오늘에 이어지고 있음을 느끼게 한다. 이렇게 당과 올레는 제주의 아름다운 문화경관을 형성하고 있다.

일반본풀이는 제주신화의 핵심으로 열두 본풀이가 전해지고 있다. 천지창조에서부터 태어나고 성장하며 생산 활동을 하고 죽음에 이르는 등 사람들의 삶의 이야기가 열두본풀이 속에 담겨 있다. 일반본풀이는 서사구조가 뚜렷하고, 사건전개가 흥미진진하며 그 속에 다양한 의미들을 담고 있어 제주신화의 핵심이라 할 수 있다. 그래서 일반본풀이를 대상으로 학술 연구가 활발하게 진행되고 있으며, 문화단체나 예술가들이 연극이나 뮤지컬, 그림 등으로 다양하게 표현하고 있다.

조상본풀이는 조상을 신으로 받들어 조상신을 칭송하는 이야기이다. 제주 사람들은 유독 제사를 중시하고 조상을 위해 굿을 하는데, 이는 조상이 신적인 존재로 자손들을 지켜준다고 생각하기 때문이다. 전해지는 조상본풀이 중에 대표적으로 와산마을에 전해지는 '고전적본풀이'와 '양씨아미본풀이'가 있다. 이 신화들은 셰익스피어의 '4대 비극' 못지않은 비극미를 담고 있는 것이 특징이다.

제주신화를 사랑하는 사람들 몇이 모여 제주신화의 내용을 공유하고 토론하는 활동을 진행해왔다. 본풀이들을 정리하면서 생동감이 넘치는 우리 조상들의 표현 능력에 감탄했고, 삶의 고단함이 담겨 있는 이야기에 공감했다. 또한 우리의 대화를 통해 이야기가 더욱 풍성해지는 즐거움도 맛보았다.

우리의 연구 활동이 제주신화를 널리 알리고, 보다 깊은 이해와 공감을 불러일으켰으면 하는 마음에서 결과물을 책으로 엮게 되었다. 총 세 권으로 묶게 된 『조근조근 제주신화』에는 제주신화 열두 본풀이와 당본풀이 등 모두 열여섯 편의 신화를 담았다. 서사구조가 뚜렷하고 사건 전개가 흥미진진하며 제주 사람들의 정신문화를 엿볼 수 있는 대표적인 작품들이다.

그중 본 책에서는 천지창조신화인 '천지왕본풀이', 제주를 창조한 '설문대할망' 이야기, 무조신 이야기 '초공본풀이', 아이를 낳게 하고 십오 세가 될 때까지 키워주는 '삼승할망' 이야기, 제주 당신앙의 성소인 송당 마을의 '송당본풀이', 여인의 순결을 지켜주는 방울 아기씨 이야기인 '토산본풀이'를 소개하고 있다. 매력적인 제주신화 주인공들의 이야기를 보다 많은 사람들에게 들려주고 싶다는 마음을 담았다.

본풀이는 현용준의 『제주도 신화』와 『무속자료사전』, 그리고 문무병의 『설문대할망의 손가락』과 『두 하늘 이야기』에 실린 채록 자료를 바탕으로 하여 구절을 덧붙이거나 빼는 등의 보완 과정을 거쳤다. 신화를 정리하고 토론하면서 선학들의 노고가 있었기에 우리의 활동이 가능하다는 것을 절감하였다. 이 자리를 빌어서 존경과 감사의 마음을 전하고 싶다.

제주어의 보고인 제주신화의 매력을 느낄 수 있도록 하기 위하여 본문의 대사인 경우에는 가급적 제주어를 살려 쓰려 하였다. 그러면서 제주어를 따로 풀이하여 이해를 도왔다. 지문은 의미 전달을 쉽게 하기 위하여 표준어 중심으로 표현하였다.

끝으로 책을 출간할 때마다 기꺼이 본인의 작품 사진을 사용할 수 있게 해주신 유복희 님, 전통문화연구소 사진자료를 제공해주며 도움말을 아끼지 않으신 문무병 님, 제주의 산야를 누비며 찍은 사진을 선뜻 내놓으신 김일영 님께 고마운 마음을 전하고 싶다. 그리고 함께 제주신화를 읽고 소통하며 진주를 걷어 올렸던 강순희, 문희숙, 신예경 벗들에게도 함께할 수 있어서 행복했다는 말을 이제야 꺼내본다. 더불어 우리의 이야기를 책으로 엮어 빛을 보게 해주신 지노출판사 대표님께도 감사의 말씀을 올린다.

2018년 10월에

여연 김정숙

1장

천지왕
세상을 열다

천지왕본풀이는 제주도에서 전해지고 있는 천지개벽신화이다. '천지개벽'은 하늘과 땅이 열리는 것이다. '천지天地'는 넓게는 '우주', 좁게는 '인간세상'을 의미한다. 천지개벽신화는 우주가 열리고 신에 의해서 인간세상이 만들어지는 과정을 담은 이야기라고 할 수 있다.

천지왕본풀이

태초에 천지는 혼돈 상태에 있었다. 온 세상이 하나의 덩어리로 하늘과 땅이 구분 없이 맞붙어 깜깜한 어둠만이 출렁이고 있었다.

이 깜깜한 어둠의 세계에 천지개벽의 기운이 돌기 시작했다. 갑자년 갑자월 갑자일 갑자시에 하늘의 머리가 자방으로 열리고, 을축년 을축월 을축일 을축시에 땅의 머리가 축방으로 열리면서 하늘과 땅 사이에 금이 생겼다. 그러자 하늘과 땅이 서서히 벌어지더니 시루떡 한 판 뚝 떼어내듯이 떨어져나갔다. 그 사이로 산이 불끈불끈 솟구쳐 오르고 물방울이 맺히더니 한 길로 모아지며 흘러내리기 시작했다.

하늘에서 내린 푸른 이슬과 땅에서 솟아난 검은 이슬이 서로 어우러지더니 세상 만물이 쉬지 않고 만들어졌다. 사람이 생겨나고 짐승과 물고기가 고개를 내밀었다. 풀과 나무들이 싹을 틔우자 곤충들도 생겨나 노래를 불렀다.

동쪽 하늘에는 푸른 구름, 서쪽 하늘엔 흰 구름, 남쪽으로 붉은 구름, 북쪽으로 검은 구름이 떠다니고 가운데는 노란 구름도 피어올랐다. 별들이 하나둘 생겨나더니 금세 하늘 가득 채우며 반짝거렸다. 동쪽에는 견우성, 서쪽에는 직녀성, 남쪽에는 노인성, 북쪽에는 북두칠성, 중앙에는 삼태성이 자리를 잡았다. 그러나 아직도 세상은 어둠 속에 잠겨 있었다.

이제 시간은 무르익었다. 하늘에서 천황닭(天皇鷄)이 목을 빼들고 울자 땅에서는 지황닭(地皇鷄)이 날개를 치기 시작했다. 하늘과 땅 사이에서 인황닭(人皇鷄)이 꼬리를 흔들며 크게 우니 드디어 갑을동방(甲乙東方)에서 먼동이 트기 시작했다. 그러자 하늘과 땅이 활짝 열리면서 천지개벽이 이루어졌다!

천지개벽이 된 이 세상! 옥황상제 천지왕이 해와 달을 둘씩 내보내 온 세상을 환히 비추도록 했다. 해와 달이 둘씩 하늘에 떠 있게 된 것이다. 그러자 낮에는 너무 뜨거워 말라죽는 생명들이 넘쳐났고, 밤에는 너무 추워서 얼어 죽는 목숨들이 줄을

이었다. 게다가 풀과 나무와 날짐승 길짐승 그리고 사람들이 서로 말을 하면서 달려드니 뒤죽박죽이 되어 세상은 혼란스럽기 그지없었다.

옥황상제 천지왕은 어지러운 세상을 내려다보면서 근심에 휩싸였다. 묘책이 없나 아무리 궁리를 해봐도 뾰족한 해결책이 떠오르지 않았다.

천지왕이 시름에 잠겨 하루하루 지내는 가운데 어느 날 문득 꿈을 꾸었다. 웬 사내아이 둘이 나타나더니 해와 달을 하나씩 삼켜버리는 것이었다. 사내아이들이 해와 달을 하나씩 삼켜버리자 어지럽던 세상이 곧 조용해지면서 평화로워졌다.

꿈에서 깬 천지왕이 곰곰이 생각해보니, 자신이 자식을 얻으면 문제를 해결할 수 있을 것 같았다. 그리고 그 자식은 하늘의 기운과 땅의 기운을 모두 받고 태어나야 하리라. 그러기 위해서는 지상의 여인을 배필로 맞이해야 한다는 것을 깨달았다. 천지왕은 지상의 여인을 찾기 위해서 잠시 하늘옥황을 떠나 있기로 했다.

지상으로 내려온 천지왕은 지혜로운 여자를 찾아 이리저리 다니다가, 어느 조용한 마을의 총명이라는 여자를 보는 순간 자신의 배필임을 알아보았다. 천지왕은 총명의 부모를 찾아가 딸과 혼인하겠다고 했다.

총명의 부모는 천지왕을 맞이하면서 말했다.

"우리가 너무나 가난허여서 끼니조차 제대로 때우기 어려운 형편이우다마는 저희 딸만은 어려서부터 어떵사˚ 똑똑헌지 동네 사람덜이 우리 딸을 총명부인이라 부릅네다. 우리 총명을 배필로 삼으시면 실망하지 않을 거우다."

천지왕과 혼례를 올리고 같이 살게 된 총명부인은 천지왕을 위해 진지를 지어 올리고자 했으나 쌀 한 톨 남아 있지 않았다.

총명부인은 하는 수 없이 소문난 부자인 수명장자에게 가서 쌀 한 되 꿔달라고 부탁했다. 수명장자는 하얀 모래를 섞어 쌀 한 되를 만들어서는 거들먹거리며 내주었다.

총명부인은 집에 와서 모래 섞인 쌀을 아홉 번 씻고 아홉 번 일어 정성으로 밥을 지었다. 천지왕이 기쁜 마음으로 밥 한 술 뜨는데, 첫 숟가락부터 모래가 씹혔다.

천지왕이 얼굴을 찌푸리며 말했다.

"총명부인, 어떵허연° 첫 숟가락부터 머을°°이 씹힙네까?"

총명부인이 너무나 죄송해서 고개를 숙이며 사실대로 말하였다.

"밥 지을 쌀 한 톨 어선 수명장자에게 쌀 한 되 꾸러 가신디, 수명장자가 쌀에 백모살° 섞엉 주는 바람에 아홉 번 씻고 아홉 번 일어도 깨끗이 걸러 내지를 못했습네다."

이를 들은 천지왕이 크게 화를 내면서 수명장자의 행실을 낱낱이 밝혀보았다.

° **어떵사** 어찌나
°° **머을** 밥에 섞인 돌
° **백모살** 바닷가에 있는 흰 모래

"괘씸허구나. 수명장자가 가난한 사람들한테 쌀 꿔주멍 백모살 섞고, 좁쌀 꾸러 간 사람덜한티 흑모살 섞엉 주었구나. 그것도 작은 말로 꿔 주었다 돌려받을 때 큰 말로 받아내멍 부자가 되었던 것이로다."

천지왕은 고개를 내저으며 수명장자의 자식들 행실도 들춰 보았다.

"수명장자의 딸들은 가난한 사람덜한티 검질 매어도랜 허영˚ 새참을 내오멍 좋은 된장 간장은 자기덜만 먹곡, 고린내 나는 장들은 가난한 사람들 먹게 했구나. 수명장자 아들들은 마소에 물 먹이는 것도 아까워 말발굽에 오줌을 갈기멍 물 먹이고 오랏댄˚˚ 거짓말허멍 물을 굶겼구나. 괘씸허다. 내 이를 가만히 두지 않으리!"

천지왕은 벼락장군을 불러 벼락을 치게 해서 수명장자의 집을 태워버렸다. 불 탄 자리에 사람이 죽어났으니 그때부터 원혼을 위로하기 위해 굿을 하게 되었다.

천지왕은 수명장자의 딸들에게 꺾인 숟가락을 엉덩이에 꽂아서 풋버렝이˚˚를 만들어버렸다. 그리고 아들들은 솔개를 만들어 주둥이를 꼬부라지게 했다. 마소의 물을 굶겨 목마르게 했으니 비 오고 난 뒤 날개물이나 핥아먹게 한 것이다.

이렇게 해서 가난한 사람들 없는 살림 빼앗아다가 부자가 된 사람들을 벌하게 하는 지상의 법이 만들어지게 되었다.

천지왕이 총명부인과 살림을 차려 지내는 가운데 총명부인에게 태기가 있었다. 그러나 하늘나라를 비워둔 지 오래되어 천지왕은 서둘러 하늘옥황으로 떠나야만 했다.

천지왕은 총명부인의 손을 잡고 당부하였다.

"이제 아들 성제[**]가 나올 거난 큰 아들은 성은 강씨 '대별왕'이라 이름 짓고, 작은아들은 성은 풍씨 '소별왕'이라 이름 짓도록 하여라."

총명부인은 섭섭한 마음을 가누면서 천지왕에게 간청했다.

"이렇게 가버리면 언제 다시 만날 것이며, 아이들이 아비를 찾은들 어찌 일러줄 수 이시쿠과? 아이들이 애비 어신 설움을 받지 않게 본메본장[***] 두고 갑서."

천지왕은 총명부인에게 박씨 두 개를 주었다.

• **검질 매어도랜 허영** 잡초를 매 달라고 해서
•• **오랏댄** 왔다고
❖ **풋버렝이** 팥 이파리를 갉아 먹고 사는 벌레
❖❖ **성제** 형제
❖❖• **본메본장** 증거물. '본메'라고도 한다.

"아이들이 나를 찾거들랑 이 박씨를 담 밑에 심게 허시오. 그러면 나를 보게 될 것이오."

천지왕은 총명부인을 남겨두고 하늘옥황으로 올라가버렸다.

그로부터 달이 차서 총명부인은 아들 형제 쌍둥이를 낳았다. 아들 형제는 어려서부터 똑똑하고 지혜로웠다. 힘도 장사여서 올레 밖 삼거리 커다란 바위를 번쩍 들어 다른 곳으로 던져버리기도 했다. 이를 본 동네 사람들이 놀라 입을 다물지 못했다.

아이들은 사냥하는 것을 좋아했는데, 스스로 활을 만들어 숲 속의 날랜 짐승을 잡아오고, 날아가는 새를 쏘아 맞히기도 했다. 종종 남의 집에 기르는 짐승까지 쏘아 맞혀 말썽을 일으키기도 했지만, 총명부인은 아이들을 크게 꾸짖거나 하지 않고 조용히 문제를 해결해주면서 정성으로 자식을 키웠다.

아이들 나이 열다섯이 되자 총명부인은 아들들을 불러 앉히고 말했다.

"너희들은 사냥이나 허멍 허송세월을 보내선 안 된다. 이제 나이 열다섯 십오 세가 되시난 서당에 강 글공부를 제대로 해보라."

아이들은 드디어 공부를 하게 됐다고 좋아했다. 다른 아이들이 서당에 갈 때마다 많이 부러웠기 때문이다. 그런데도 어머니가 어렵게 살림을 꾸려나가고 있는 걸 잘 아는 터라 내색을 하지 않고 열심히 사냥이라도 해서 없는 살림 보태려고 했던 것이다.

형제는 서당으로 가 다른 아이들 틈에서 열심히 공부했다. 아이들은 서당에서 곧 두각을 나타냈다. 어찌나 총명한지 하나를 가르치면 열을 깨우쳤다. 그러니 같이 공부하는 동무들이 도저히 따라갈 수가 없었다. 자신들보다 늦게 공부를 시작했는데 일취월장 앞서가는 형제를 시샘한 아이들은 대별왕 소별왕에게 '애비 없는 호래자식'이라 놀려댔다.

아이들에게 놀림을 받으면서 대별왕 소별왕은 자신들이 다른 아이들과 다르다는 걸 깨달았다. 왜 자신들은 아버지가 없는지 아직까지 한 번도 생각해본 적이 없었던 것이다. 총명부인이 아비 없는 자식이라는 말 듣지 않도록 세심하게 주의를 기울이며 워낙에 잘 키웠기 때문이다.

아이들은 집에 오자마자 총명부인 앞에 꿇어앉아 여쭈었다.

"어머님, 무사* 저희는 아버지가 없습니까? 요즘 글공부 하는

---

* **무사** 왜

동무들이 저희들에게 애비 어신 호래자식이라 놀리고 잇수다. 어머님, 저희 아버지는 누구인지 말씀해주십서."

총명부인은 때를 기다렸다는 듯이 아들 형제의 손을 잡으며 조용히 말했다.

"잘 들어라. 너희들은 애비 어신 호래자식이 아니여. 너희들은 하늘나라 옥황상제 천지왕의 아들들이니라."

형제는 놀라 입을 다물지 못했다.

"정말 저희들이 옥황상제 아들들이란 말이우꽈? 저희들이 옥황상제의 자식이라고 허민 누가 믿으쿠과? 본메본장이라도 잇수과?"

총명부인은 그간 있었던 일을 소상히 들려주고는 박씨 두 개를 내주었다.

"너희 아버지 천지왕께서 자식이 컹 애비를 찾으민 이 박씨를 싱거보랜* 허엿져."

형제는 박씨를 담 밑에 심었다. 그러자 금세 싹이 트더니 쑥쑥 자라 덩굴이 하늘로 올라갔다. 형제는 그제야 덩굴을 타고 하늘로 올라가면 아버지를 만날 수 있다는 것을 깨달았다.

"어머님, 저희는 아버님이 계신 하늘옥황으로 올라가쿠다. 허락해주십서."

"그래, 천지왕께서 너희를 기다리고 계실 것이다. 여기는 걱정 말고 어서 올라가거라."

총명부인은 마지막일지 모르는 아들들의 손을 붙잡아보고는 어서 가라고 내보냈다.

형제는 어머님과 작별하고 덩굴을 붙잡아 오르기 시작했다. 이 가지 저 가지 밟아가면서 덩굴을 타고 하늘로 올라가는데 덩굴은 하늘나라 옥황상제의 용상 왼쪽 뿔에 감겨져 있었다.

형제가 용상에 다다랐으나 용상은 비어 있었고, 주위엔 아무도 보이지 않았다.

"이 용상은 비어 이신 것이 임제 어신** 용상이로구나!"

대별왕 소별왕은 용상에 타고 앉아 들썩이며 놀았다. 대별왕 소별왕이 번갈아가며 왼쪽 뿔을 잡고 흔들다가 그만 왼쪽 뿔이 부러지고 말았다. 워낙에 힘이 장사였기 때문이다. 겁이 덜컥 난 형제는 그제야 용상에서 내려왔다.

그로부터 우리나라 임금님은 왼쪽 뿔이 없는 용상에 앉게 되

* **싱거보랜** 심어보라고
** **임제 어신** 임자 없는

었다고 한다.

용상 옆을 보니 천 근이나 되는 활에 백 근이나 되는 화살이 놓여 있었다. 활과 화살은 어찌나 무거운지 하늘옥황에서 그 누구도 들어본 적이 없었다.

그러나 힘이 장사인 대별왕이 용상에서 내려와 활을 번쩍 들었다.

"와, 하늘옥황 활은 아주 대단허구나! 이걸로 뭘 하나 쏘아봐사키여."

사방을 둘러보다 저쪽에 번쩍이는 두 개의 해를 발견했다.

"땅위의 산 목숨들은 해가 둘이나 되난 더웡 살기가 어렵다. 경허난 내가 저 해 하날 쏘아불키여."

대별왕은 활시위를 당겨 해 하나를 쏘아 맞추고는 동해바다로 떨어뜨려버렸다.

무엇이든 형이 하는 거라면 지지 않고 따라하는 소별왕도 활과 화살을 들었다. 소별왕이 주위를 둘러보자 저쪽에 차갑게 빛나고 있는 두 개의 달을 발견했다.

"달이 두 개나 되언 밤에 추원 견디기가 어려우난 난 저 달하나를 쏘아버리쿠다!"

소별왕은 자신 있게 소리치며 화살을 쏘아 달 하나를 맞추고

는 서해바다로 떨어뜨려버렸다.

　해 하나 달 하나를 쏘아 맞힌 형제가 문득 뒤를 돌아보니 옥
황상제 천지왕이 서 있었다. 천지왕은 자신의 아들들을 바라보
며 흐뭇하게 웃고 있었다.

　"내 아들들이 바라는 바대로 타고난 임무를 훌륭히 수행허엿
저. 장하다!"

　옥황상제는 아들들의 손을 잡고 고개를 끄덕였다. 그제야 대

별왕 소별왕도 아버지를 만난 기쁨에 눈물을 흘렸다.

옥황상제는 대별왕 소별왕에게 말했다.

"너희들은 타고난 임무를 훌륭히 수행했으니 앞으로 이승과
저승을 맡아서 다스리도록 허라. 대별왕은 해를 쏘아 맞히신난
이승을 다스리고, 소별왕은 달을 쏘아 맞히신난 저승을 다스리
는 게 좋으키여."

대별왕은 그러겠다고 대답을 했으나 소별왕은 고개를 숙인
채 가만히 있었다. 자신이 이승을 차지하고 싶었기 때문이다.

천지왕이 자리를 뜨자마자 소별왕은 형에게 제안했다.

"형님, 우리 수수께끼를 내기를 허영 이기는 자가 이승법을
차지허고 지는 자가 저승법을 차지허도록 헙시다."

너그러운 대별왕은 순순히 응낙하고 먼저 문제를 내었다.

"설운 아시야*, 어떤 낭은 주야평생 섶이 아니 지고** 어떤 낭
은 섶이 지느냐?"

"형님, 마디가 짧은 낭은 섶이 아니 지고, 속이 빈 낭은 섶이
집니다."

"모르는 소리 말라. 푸른 대낭은 속이 비어도 섶이 지지 않는
다."

소별왕이 입을 삐죽 내밀었다.

"아우야, 무슨 이유로 동산에 풀은 제대로 자라지 못하고 굴형˙˙에 풀은 무럭무럭 잘 자라느냐?"

"형님, 삼사월 샛바람에 봄비 오난 동산에 흙은 아래로 내려가불언 동산 위 풀은 잘 자라지 못허고, 굴형엣 풀은 질게 잘 자랍니다."

"아우야, 모르는 소리 말라. 어떤 일로 인간의 머리털은 길어지고 발등의 털은 짧아지느냐?"

소별왕은 더 이상 대답을 할 수가 없었다. 수수께끼 내기에서 졌지만 소별왕은 이승을 포기할 수 없어 다시 꾀를 내었다.

"형님, 꽃이나 싱경 잘 자라게 허는 사람이 이승법 다스리고 꽃을 시들게 헌 사람은 저승법 다스리도록 합시다."

대별왕은 이번에도 순순히 응낙했다.

형제는 지부왕(地府王)에게 가서 꽃씨를 받아왔다. 둘은 꽃씨

• **설운 아시야** 서러운 아우야. '설운'은 특별한 뜻이 없이 상대를 부를 때 통상적으로 붙이는 말이기도 하다.

•• **어떤 낭은 섶이 아니 지고** 어떤 나무는 잎이 지지 않고. 나무를 제주에서는 '낭'이라고 한다.

˙˙ **굴형** 움푹 패거나 깊이 빠진 구렁. 구렁텅이

를 은동이, 놋동이, 주수리남동이*에 각각 심었다. 그런데 대별왕이 심은 꽃들은 무럭무럭 잘 자라는데 소별왕이 심은 꽃들은 시들시들 제대로 잘 자라지 못했다. 소별왕이 가만히 보니 이대로 놓아두면 자기가 질 것이 뻔했다. 소별왕은 다시 꾀를 내었다.

"성님, 기다리지만 말고 좀 심벡**이나 해보게마씸?"

"그러지 않아도 피곤했는데 잘되엇져. 그럼, 한숨 잠이나 자보카."

대별왕은 눈을 감자마자 코를 골며 깊이 잠들어버렸다. 소별왕은 눈을 감고 자는 척하다가 형이 깊이 잠든 걸 보고는 얼른 형의 꽃과 자기 꽃을 바꾸어놓았다. 그러고는 시치미를 떼면서 형을 깨웠다.

"성님, 벌써 대낮이우다. 점심 먹을 시간이 다 되어시난 일어나십서."

대별왕이 일어나보니 자신이 심은 꽃은 동생 앞으로 가 있고, 동생이 심은 꽃은 자기 앞에 놓여 있었다. 그제야 대별왕은 꽃이 뒤바뀐 것을 알았다. 그래도 대별왕은 순순히 결과를 받아들였다.

"아우야, 헐 수 없는 노릇이구나. 네가 이승을 맡아서 다스리도록 허라. 그러나 이승을 다스리는 게 결코 쉽지가 않을 것이다. 인간들에게는 살인 사건이 연이어 일어날 것이요, 나라를 혼란에 빠뜨리는 역적도 많을 것이다. 거기다가 도둑질 하는 사람도 사방에 가득하리라. 남자는 열다섯이 되민 이녁 가속*은 놔두고 남의 가속 부러워허멍 바라볼 것이오, 여자도 열다섯 살이 넘어가민 이녁 남편 업신여기멍 남의 남편만 우러러보리라."

대별왕은 저승으로 떠나면서 아우에게 당부했다.

"이 세상을 어떵허든지간에 잘 다스려보라. 나는 저승으로 가마. 저승법은 맑고 공정한 법이여."

이승으로 내려온 소별왕이 이 세상을 살펴보니 형님 말대로 어지럽기 그지없었다. 풀과 나무와 짐승들이 서로 말을 하며 세상은 뒤범벅이고, 산 사람 죽은 사람 구분 없이 서로가 서로를 부르면서 말을 섞고 있었다. 게다가 살인, 도둑질 등으로 세상이 난장판인 데다가 남녀 할 것 없이 제 가족 나두고 남의 배우자와 어울리면서 혼란을 부추기고 있었다.

---

* **주수리남동이** 나무로 만든 동이
** **심벡** 겨루기. '줌 심벡'은 잠 오래 자기 경쟁을 말한다.
❖ **이녁 가속** 자기 가족

소별왕은 어떻게 해야 이 혼란을 바로잡을 수 있을지 알 수가 없었다. 그제야 자신은 이승을 다스릴 능력이 부족하다는 것을 깨달았다.

소별왕은 견디다 못해 대별왕을 찾아갔다.

"형님, 도와주십서. 나의 헛된 욕심으로 이승을 차지했으나 이 혼란을 바로잡을 수가 없수다."

동생의 청을 거절할 수가 없어 대별왕은 잠시 저승을 떠나 이승으로 왔다. 대별왕은 먼저 소나무 껍질로 가루를 내서 세상에 뿌렸다. 그러자 풀과 나무와 모든 짐승들이 굳어져서 말을 못하게 되었다. 이렇게 사람들만 말을 할 수 있게 하자 세상은 어느 정도 질서가 잡혔다.

다음으로 저울을 가지고 귀신과 사람들을 구분하기 시작했다. 저울을 달아 백 근이 차는 것은 인간으로 보내고, 백 근이 못되는 것은 귀신으로 처리하였다.

쉬지 않고 일을 하다 보니 대별왕은 지쳤다.

"아우야, 이제 자연의 질서는 바로잡혀시난 나는 저승으로 돌아가야키여. 사람들 사이에서 벌어지는 일들은 사람들이 스스로 알앙 이겨내랜 내버려두라."

이렇게 해서 사람들 사이에 벌어지는 혼란은 사람들 스스로 바로잡기 위해 노력해야만 했다. 아직도 인간들 사이에 온갖 범

죄가 끊이지 않고, 사람이 사람을 해치는 등 세상이 어지러운
것은 소별왕이 능력이 부족하면서도 헛된 욕심을 부려 이승을
차지했기 때문이다.

신화, 펼치기

천지개벽신화 천지왕본풀이

천지왕본풀이는 제주도에서 전해지고 있는 천지개벽신화이다. '천지개벽'은 하늘과 땅이 열리는 것이다. '천지(天地)'는 넓게는 '우주', 좁게는 '인간세상'을 의미한다. 즉 천지개벽신화는 우주가 열리고 신에 의해서 인간세상이 만들어지는 과정을 담은 이야기라고 할 수 있다.

다른 지방에서도 천지왕본풀이와 비슷한 화소를 가지고 있는 천지개벽신화가 있다. 현용준의 『제주도 신화의 수수께끼』에 따르면 함경남도의 '창세가'와 경기도의 '무가' 등이 채록되어 있는데, 이들에게도 천지개벽신화로 볼 만한 화소를 지니고 있다고 한다. 하지만 이야기의 구조가 단순해서 본격적인 신화라고 하기에는 부족한 느낌이다. 그에 비해 제주도에 전해지는 천지왕본풀이는 내용이 풍부하고 철학적인 깊이가 있으며 사건 전개가 짜임새 있어 본격적인 설화로서 부족함이 없다.

제주도에 전해지고 있는 신화들은 대부분 무속신앙과 관계가 깊다. 천지개벽신화인 '천지왕본풀이' 역시 무속의례인 '굿'에서 심방에 의해 가창되는 이야기다. 특히 천지왕본풀이는 굿의 시작인 '초감제'에서 불린다. '초감제'는 굿을 시작하면서 먼저 1만 8천 신들을 청해서 제상에 좌정시키는 제차이다.

신을 청해 들이려면 언제, 어디서, 무엇 때문에 굿을 하게 되었는지 그 연유를 신에게 고해야 한다. 굿하는 장소와 시간을 설명하기 위하여 혼돈 상태의 우주 즉, 천지혼합 때로 거슬러 올라가게 되는 것이다.

태초에 천지는 혼돈 상태에 있었다. 하늘과 땅이 하나로 구분 없이 맞붙어 깜깜한 어둠덩어리만이 있었다. 이 혼돈의 세계에 천지개벽의 기운이 돌기 시작했다. 갑자년 갑자월 갑자일 갑자시에 하늘의 머리가 자방으로 열리고, 을축년 을축월 을축일 을축시에 땅의 머리가 축방으로 열려 하늘과 땅 사이에 금이 생겼다. 그러자 하늘과 땅이 서서히 벌어지더니 시루떡 한판 떼어내듯 딱 떨어져나갔다. 그 사이로 산이 불끈불끈 솟아오르고 물이 흘러내리기 시작했다.

이어서 하늘에서 푸른 이슬이 내리고 땅으로는 검은 이슬이 솟아나 서로 합쳐지면서 세상 만물이 생겨났다는 이야기, 사람과 짐승, 풀과 나무 등 온갖 생명이 고개를 내밀었다는 이야기를 한다. 그런데 해도 두 개, 달도 두 개가 생김으로써 온갖 생명이 낮에는 더워 죽을 지경이고, 밤에는 추워 죽을 지경이 되었다.

이러한 혼돈의 상태에서 세상 질서가 바로 잡히게 되는 과정을 설명하기 위하여 '천지왕본풀이'가 가창된다. 이 과정을 '베포도업침'이라고 한다. '베포도업침'은 어떤 의미가 담겨 있는 제차일까? 문무병은 '베포도업침'에 대하여 이렇게 풀이하고 있다.

하늘과 땅, 산과 바다, 구름과 바람 등을 그리듯 나누어 펼치고[配布], 인간세상 모든 인문 사항들을 새로 열었으니[都邑] 이것이 천지왕이 세상을 만든 이야기다. (문무병, 『두 하늘 이야기』. 알렙)

신성한 공간으로 바뀌는 굿청. 구좌읍 송당리 신과세제

'베포'는 천지개벽으로 우주가 열리고 만물이 생겨나는 것, 즉 나누어 펼치는 것을 의미하는 말이고, '도업(도읍)'은 인간세상이 열리는 것을 의미하는 말이다. 굿을 하는 굿청은 이렇게 우주가 열리고 인간세상이 펼쳐지는 천지개벽의 시공간으로 옮겨가면서 신들이 좌정하는 신성한 공간으로 바뀌게 된다.

이승과 저승을 차지한 소별왕과 대별왕

하늘에 해가 둘이어서 낮에는 더워 죽을 지경이고, 밤에는 달이 둘이어서 추워 죽을 지경인 어지러운 세상을 해결하기 위하여 천지왕이 지상으로 내려온다. 천지왕은 지상의 총명부인을 만나 혼인을 하고 지내다 다시 하늘옥황으로 올라갔다.

천지왕이 돌아간 후에 총명부인이 아들 쌍둥이를 낳았는데, 형은 대별왕이고 동생은 소별왕이다. 열다섯 살이 된 형제는 하늘옥황으로 아버지를 찾아 올라간다. 그들은 해와 달을 하나씩 쏘아 맞혀서 해도 하나 달도 하나만 남게 하면서 아버지로부터 능력을 인정받는다. 천지왕은 대별왕에게 이승을 맡아 다스리라고 하고 소별왕에게는 저승을 다스리도록 했다. 하지만 이승을 차지하고 싶은 소별왕이 속임수로 형을 이기고 이승을 다스리게 되면서 문제가 발생한다.

능력이 부족한 소별왕이 이승을 차지하는 바람에 이승이 혼란이 끊이지 않게 되었다. 그래서 사람들 사이에 벌어지는 혼란은 사람들 스스로 바로잡기 위해 노력해야만 했다. 즉 아직도 인간들 사이에 온갖 범죄가 끊이지 않고, 사람이 사람을 해치는 등 세상이 어지러운 것은 소별왕이 능력이 부족하면서도 헛된 욕심을 부려 이승을 차지했기 때문이라고 신화는 말하고 있다.

"신의 본(本)을 풀면 신나락 만나락하고, 생인(生人)의 본을 풀면 백년원수가 된다"는 말이 있다. 그래서 신을 맞이하는 모든 맞이 굿에서 신의 본(本), 즉 본풀이가 가창된다. 그런데 본풀이는 신을 기쁘게 하여 소원을 들어줄 것을 기원하는 의미도 있지만 굿에 참여한 사람들을 깨우치고 위로하기 위한 것도 있다. 천지왕본풀이 역시 그러한 기능을 수행하고 있다.

천지왕본풀이는 우리를 우주가 탄생하고 인간세상의 열리는 시공간으로 데리고 간다. 그리고 우리가 태어나서 죽을 때까지 겪는 혼란, 불운, 질병 등에 대하여 그 원인이 인간 자신에게 있는 것이 아님을 이야기해준다. 인간세상이 공정하지 못하고 혼란스러운 것은 소별왕이 능력에 맞지 않게 이승을 차지했기 때문인 것이다.

이러한 원인 규명이 우리에게 중요한 이유는 무엇일까? 그것은 불운에 빠지거나 병을 앓는 사람들에게 왜 자신에게 이런 일이 벌어지는지 자책하지 않도록 해주는 것이다. 그리고 원인을 안다고 하는 것은 마음의 힘이 생기는 것이기도 하다.

우리가 어떤 일을 당했을 때 왜 그런 일을 당하는지 알지 못하면 혼돈 속에서 고통에 빠져 헤어나기가 어렵다. 하지만 왜 그렇게 되었는지를 알게 된다면, 비록 그렇게 아는 것이 상황을 해결해주진 못한다 하더라도 그것을 이겨낼 마음의 힘을 가질 수 있다. 신화는 우리에게 그러한 역할을 해주는 것이다.

또 하나 천지왕본풀이가 사람들에게 위안이 되는 것은 이승과는 달리 "저승은 맑고 공정하다"는 것이다. 능력 있는 대별왕이 저승을 차지해 다스림으로써 저승법은 맑고 공정한 법이 되었다고 한다.

누구나 느끼는 것이지만 이승의 법은 누구에게나 공정하지 않다. 있는 사람에게는 너그러운 법이 없는 사람에게는 잔혹하리만치 어김이 없다. 그래서 힘이 없는 사람에게는 억울한 일들이 비일비재하게 일어난다. 그런데 우리가 죽어서 가는 저승의 법이 맑고 공정하다면 힘이 없는 사람들에게는 그나마 위안이 될 수 있다. 비록 이승에서는 억울하게 당하며 살았지만 저승에 가서는 공정하게 평가받으리라는 마음의 위안과 희망이 생기는 것이다.

수명장자를 벌하는 천지왕

천지왕과 혼례를 올리고 같이 살게 된 총명부인은 천지왕을 위해 진지를 지어 올리고자 했으나 쌀 한 톨 남아 있지 않았다. 총명부인은 하는 수 없이 소문난 부자인 수명장자에게 가서 쌀

한 되 꿔오는데, 수명장자는 하얀 모래를 섞어 쌀 한 되를 만들어 내주었다. 총명부인은 집에 와서 모래 섞인 쌀을 아홉 번 씻고 아홉 번 일어 정성으로 밥을 지었지만 첫 숟가락부터 모래가 씹혔다.

이리하여 천지왕은 수명장자의 행실을 낱낱이 알게 된다. 수명장자가 가난한 사람들한테 쌀을 꿔주면서 하얀 모래를 섞고, 좁쌀 꾸러 간 사람한테 검은 모래를 섞어 주었다는 것, 게다가 작은 말로 꿔주었다 돌려받을 때 큰 말로 받아내면서 부자가 되었다는 사실이 밝혀진 것이다.

천지왕은 수명장자의 자식들 행실도 들춰보았는데, 수명장자의 딸들은 가난한 사람들 밭일을 시키면서 새참을 내오는데 좋은 된장 간장은 자기들만 먹고, 고린내 나는 장들은 가난한 사람들에게 먹게 했다는 것이 드러났다. 그리고 수명장자 아들들이 소와 말에게 물 먹이는 것도 아까워 말발굽에 오줌을 갈기고는 물 먹이러 다녀왔다고 거짓말하면서 물을 굶기는 심술을 피웠다는 것을 알게 되었다.

천지왕은 벼락장군을 불러 벼락을 치게 해서 수명장자의 집을 태워버린다. 그리고 꺾인 숟가락을 수명장자의 딸들의 엉덩이에 꽂아서 팥벌레로 만들어버리고, 아들들은 솔개로 만들어 주둥이가 꼬부라지게 했다. 마소의 물을 굶겨 목마르게 했으니 비 오고 난 뒤 날개물이나 핥아먹게 한 것이다.

이렇게 해서 가난한 사람들의 없는 살림을 빼앗아다가 부자가 된 사람들을 벌하게 하는 지상의 법이 만들어지게 되었다는 말을 덧붙인다.

천지왕은 수명장자와 그 자식들에게 벌을 내리는 데 있어서 무시무시할 정도로 가차없다. 욕심을 부리고 없는 사람들을 괴롭히면 이 정도의 벌을 받으리라는 경계로서 부족함이 없는 것이다. 이렇게 천지왕이 수명장자를 벌하는 이야기는 많은 것을 가지고 있는 사람들에게는 경계가 되는 이야기라 할 수 있다.

악행을 서슴지 않는 이를 벌하는 이야기는 가진 것 없는 사람들의 희망사항을 반영한 것이라 생각한다. 약자들은 강자에게 억울한 일을 당하더라도 제대로 그 억울함을 풀어보지 못하는 게 현실이다. 이야기 속에서나마 철저하게 심판받는 모습을 봄으로써 위안을 받게 되었을 것이라 짐작할 수 있다.

소별왕으로 인한 이승의 혼란

마지막으로 소별왕의 욕심에 대하여 얘기해보자. 천지왕은 대별왕에게 이승을 맡아서 다스리고 소별왕에게 저승을 맡아서 다스리라고 했다. 하지만 소별왕은 저승보다는 이승을 차지하고 싶었다. 그래서 형님에게 수수께끼 내기를 하여 이기는 사람이 이승을 차지하는 것으로 하자고 한다. 너그러운 대별왕이 그러겠다고 하여 수수께끼 내기를 하는데 번번이 소별왕이 지고 만다.

그래도 포기하지 못한 소별왕이 이번엔 꽃 가꾸기 경쟁을 해서 이기는 사람이 이승을 차지하자고 제안한다. 그리하여 지부왕에게 꽃씨를 받아다가 심고 가꾸는데, 대별왕이 심은 꽃은 나날이 자라서 번성하지만 소별왕이 심은 꽃은 시들시들해져서 제대로 자라지 못했다. 그러자 소별왕은 형에게 낮잠을 자자고 하고는 형이 잠든 틈을 타서 형의 꽃과 자기 꽃을 바꾸어버린다.

이렇게 능력이 부족한 소별왕이 속임수로 이승을 차지하면서 인간세상의 혼란이 바로잡히지 못하게 되었다고 신화는 말한다. 신화는 속임수로 이승을 차지한 소별왕을 통해서 능력이 부족한 자가 능력에 맞지 않게 큰일을 맡았을 때 어떠한 일이 벌어지를 생생하게 펼쳐보이고 있다.

소별왕의 욕심과 이에 따른 혼란을 보면서 사람의 능력과 자리에 대하여 생각하게 된다. 신영복은 "사람들은 모름지기 자기보다 조금 모자라는 자리에 앉아야 한다"고 얘기했다.

나는 그 '자리'가 그 '사람'보다 크면 사람이 상하게 된다고 생각합니다. 그래서 나는 평소 '70%의 자리'를 강조합니다. 어떤 사람의 능력이 100이라면 70 정도의 능력을 요구하는 자리에 앉아야 적당하다고 생각합니다. 30 정도의 여유가 있어야 한다는 생각입니다. 30 정도의 여백이 있어야 한다는 뜻입니다. 그 여백이야말로 창조적 공간도 되고 예술적 공간이 되는 것입니다. 반대로 70 정도의 능력이 있는 사람이 100의 능력을 요구받는 자리에 앉을 경우 그 부족한 30을 무엇으로 채우겠습니까? 자기 힘으로는 채울 수 없습니다. 거짓이나 위선으로 채우거나 아첨과 함량 미달의 불량품으로 채우게 되겠지요. 결국 자기도 파괴되고 그 자리도 파탄될 수밖에 없습니다. (신영복, 『강의』, 돌베개)

신영복의 말처럼 우리는 자신의 능력에 맞게, 혹은 능력보다 다소 부족하게 여겨지는 자리에 앉아야 한다고 생각한다. 그래야 여유를 즐길 수 있고, 그 여유만큼 창조적 능력을 발휘할 수 있는 것이기 때문이다.

신영복이 얘기하고 있는 '자리'와 '능력'에 대한 교훈이 신화 속에서 대별왕과 소별왕의 이야기로 구현되고 있는 것이다. 이렇게 천지왕본풀이는 우주와 인간세상의 탄생에 관한 천지개벽신화인 동시에, 사람들에게 삶의 교훈과 위안을 주는 이야기라 할 수 있다.

어디 감수광? : 어디 가십니까?
    길 가다 만났을 때, '안녕하십니까?' 대신 쓸 수 있는 말.

놀암수광? : 놀고 있습니까?
    집을 방문했을 때 주인이 있으면 '안녕하십니까?' 대신 쓸 수 있는 말.

무사 옵데강? : 왜 왔어요?
    집에 온 손님에게 온 용건을 물어볼 때 쓰는 말.
    '어떻게 오셨어요?'의 의미로 쓰는 말.

훈저 옵서 : 어서 오십시오
    집에 온 손님에게 들어오라고 이르는 말.

잘 들어갑서 : 안녕히 가십시오
    손님을 배웅하면서 하는 인사말.

나 감수다 : 갑니다
    '안녕히 계십시오'의 의미로 쓰는 인사말.

잘 이십서 : 잘 지내세요
    '안녕히 계십시오'의 의미로 쓰는 인사말.

잘 살암십서 : 잘 살고 있으세요
    '안녕히 계십시오'의 의미로 쓰는 인사말.

2장

자주명왕 아기씨와
젯부기 삼형제

노가단풍 자주명왕 아기씨는 부처님께 석 달 열흘 백일 동안 불공을 드려서 태어난 귀한 딸이다. 아버지는 아기씨에게 '저 산 줄기 뻗고 이 산 줄기 뻗어 왕대월산 금하늘 노가단풍 자주명왕'이라고 이름을 지어주었다. 가을 단풍처럼 아름답게 빛난다는 의미를 담고 있는 이름이다.

초공본풀이

옛날 옛적, 천하 임정국 대감님과 지하 김진국 부인님이 부부로 연을 맺었는데, 많은 논밭 전답에 재산이 넉넉하여 고대광실 높은 집에 많은 종을 거느리며 살고 있었다. 그런데 이십 스물, 삼십 서른, 마흔 오십이 다 되어가도 남녀 간에 자식 하나 없으니 느는 것이 한숨이라 날로 근심이 깊어졌다.

하루는 임정국 대감이 하도 심심하여 삼도전거리로 나가 팽나무 그늘에서 장기를 두고 있었다. 그런데 까마귀 새끼들이 팽나무 둥지에서 어미를 기다리며 까옥까옥 울고 있는 게 괜스레 심사를 건드렸다. 어미 까마귀가 먹이를 물고 돌아와 새끼 입 속에 넣어주는데 새끼들이 먼저 받아먹겠다고 아우성인 것이다.

"깍 까옥 까옥, 나도 줘. 나도 줘. 까옥 까옥."

까마귀 새끼들 울음소리에 괜히 약이 오르는 게 장기 둘 마음이 싹 가셨다.

"에이, 심사가 뒤틀리난 장기 두는 것도 마땅치 않구나!"

벌떡 일어서는데 난데없이 사람 웃음소리가 들리는 것이 아닌가.

'뭣이 경 재미지고 좋아네 사람 발길 잡암신고?'

대감이 종곰종곰* 소리를 쫓아가보니 거적문 달린 비조리 초막**에서 얻어먹고 사는 거지 내외가 아이를 안고 어르면서 좋다고 웃음을 터뜨리고 있었다. 임정국 대감이 베롱베롱*** 헌 담고망**** 으로 쳐다보는데 웃음소리가 터져나올 때마다 심장이 더럭더럭 내려앉았다.

문득 거지 마누라가 뒤를 돌아보더니 빙색이***** 웃으며 말했다.

---

* **종곰종곰** 살살 뒤따라 걸어가는 모양
** **비조리 초막** 아주 작은 초가집
*** **베롱베롱** 자그마한 구멍이 여러 개 보이는 모양
**** **담고망** 담구멍
***** **빙색이** 빙그레 웃는 모양

"자식 하나 어신 임정국 대감님아, 어떵허연 담고망으로 거지 사는 꼴을 훔쳐 봄수과?"

그 말을 들은 임정국 대감은 얼굴이 벌개져서 허둥지둥 도망치듯 집으로 내달았다. 헥헥 숨을 몰아쉬며 겨우 대문 안으로 들어서야 멈추어 서서 한숨을 내쉬었다.

"살아서 무엇허리, 자식 하나 어신 팔자 저 많은 문전옥답도 쓸 곳이 없구나."

사랑방 문을 잠그고 드러누운 대감은 식음을 전폐하였다. 느진덕정하님이 진짓상을 마련하여 갔으나 대감이 방문을 열어주지 않아 그냥 돌아나와야 했다.

"마님, 큰상전님이 무슨 일이 이서신디사 문을 잠근 채 누워 잇수다."

김진국 부인이 치맛자락을 말아 쥐며 허둥지둥 사랑방으로 달려갔다.

"대감님아 대감님아, 이 문을 열어봅서. 오늘은 우리가 재미난 일로 웃어나 보게 마씸."

"자식 하나 어신 팔자 무슨 재미난 일이 있다고 웃음이 나오카?"

"우리 부부 금슬 좋으난 그로 해서 웃어 보게 마씸."

그제야 사랑방 문을 열어주니 김진국 부인이 들어가 은당병

허리에 실을 묶고 방바닥에 굴리면서 어떻게든 대감을 웃겨보려고 애를 썼다. 하지만 대감은 더 큰 한숨을 내쉬면서 돌아눕는 게 아닌가. 이제는 부인도 속상해서 은당병을 내팽개치고 울음을 터뜨리는데 부부간에 대성통곡으로 이어졌다.

그때 느진덕정하님이 문득 올레* 안으로 들어서는 스님을 보고 큰 소리로 아뢰었다.

"마님, 지나던 스님이 뵙기를 청햄신디 어떵허코 마씸?"

부부가 울음을 그치고 사랑방 문을 열어 내다보았다.

"소승 문안 드렴수다."

"너는 어느 절에 있는 중이냐?"

"황금산 도단 땅 동개남 은중절 주지스님은 부처님을 지키고 계시고 저는 그 절의 소사 됨수다."

"어떵허연 동개남 은중절 소사가 이 동네를 지나감시냐?"

"우리 절이 지은 지가 하도 오래되언 여기저기 헐어가난 인간 세상 내려와 권제삼문(시주)을 받아당 절간을 수리허고, 명 없는 자손이 이시믄 명도 이어주고, 복 없는 자손이 이시믄 복도 내려

---

* **올레** 큰길에서 집 마당에 이르는 작은 골목

56

주고, 자손 어신 집안이 이시믄 자손도 이어주젠 햄수다."

대감 부부가 서로를 쳐다보다가 허둥지둥 일어서서 스님을 맞았다.

"어서 가까이 들어왕 권제삼문 받아갑서. 느진덕정하님아 어서 강 쌀을 퍼 오라."

느진덕정하님이 쌀을 한가득 퍼 오니 스님이 기뻐하며 자루를 높이 들었다.

"높이 높이 들엉 조심 조심 시르르 비웁서. 한 방울 떨어지믄 목숨줄 떨어지고 복도 달아나는 법이우다."

스님이 시주를 받아놓고 댓돌 아래 내려서 가려고 하자 임정국 대감이 불러 세웠다.

"여보시게 소사, 어떵 남의 쌀을 공으로 받고 가젠 햄서? 오행팔괘 사주책이나 가져시민 한번 봐주게나. 부부간에 오십 쉰이 다 되어도 남녀자식이 하나 어시난 원천강 사주팔자나 짚어보렌 허는 말이주."

"어서 걸랑 그럽소서."

원천강 내여논다. 오행팔괘 짚어본다. 초장 걷어간다. 이장 걷어간다. 이제 제삼장 걷어놓고 스님이 입을 열었다.

"우리 절이 영급 좋고 수덕 좋으난 송낙지도 구만 장 가사지도 구만 장, 상백미도 일천 석, 중백미도 일천 석, 하백미도 일천 석, 은도 만 냥, 금도 만 냥 장만해서 석 달 열흘 백일까지만 부처님께 기도햄시민 남녀 간에 자식 하나 이실 듯 허수다."

부부간에 입이 덩싹 벌어지며 어쩔 줄 모르는데 소사가 대문 밖으로 나가니 버선발로 배웅하였다.

그날부터 임정국 대감과 김진국 부인은 송낙지 구만 장 가사지 구만 장 상백미 중백미 하백미 장만해서 검은 암소에 실어 황금산 도단 땅으로 소곡소곡 올라갔다.

황금산 도단 땅 동개남 은중절에 천년둥이 만년둥이 네 눈 가진 반둥개가 양반이 오면 일어나서 드리킁킁내쿵쿵 짖어대고, 하인 종놈이 오면 누운 채 쿵쿵 짖어댔다. 하루는 이 반둥개가 드리킁킁내쿵쿵 짖어대니 대사님이 속하니*를 불러 말했다.

"저만치 나가보라. 우리 절에 어디 양반이 가까이 오는 모양이여."

절 밖에 나가 이리저리 둘러본 속하니가 스님께 보고드렸다.

"예, 천하 임정국 대감이 우리 절에 원불수륙재(願佛水陸齋)**

---

* **속하니** 심부름하는 스님
** **원불수륙재** 자식 낳기를 기원하는 불공

드리젠 왐수다."

"어서 안으로 모셔드리라."

임정국 대감 부부를 불러놓고 그날부터 소금에 밥을 먹으면서 불공을 드리는데, 부처님 앞에서 대사는 목탁을 치고 소사는 바랑을 치고 속하니는 북을 치며 아침에는 아침 불공, 낮에는 낮 불공, 저녁에는 저녁 불공 하루에 삼세 번 연석 달 백일 정성을 올렸다.

백일이 되는 날 아침, 불공을 마친 대사가 분부를 내렸다.

"백 근 건량이 되는지 저울로 달아보라."

부처님 앞에서 대추나무주둥이까마귀저울로 백 근이 되는지 달아보니 한 근이 부족하여 아흔아홉 근이 되었다. 대사가 아쉬워하며 말을 했다.

"임정국 대감님아, 백 근이 차시민 남자아이 탄생할 듯한데, 백 근이 안 되난 여자식이 날 듯 허우다. 임정국 땅에 내려 서민 좋은 날 좋은 시 합궁일을 받아 천상배필 맺읍서."

부처님께 절을 하고 대사 소사께도 하직인사 드린 후 임정국 땅에 내려와 합궁일을 받은 것이 칠월 칠석이라 부부간에 천상배필 맺었더니 아버지 몸에 흰 피 받고 어머니 몸에 검은 피 받아 아홉 달 열 달 채워 아기가 탄생했다. 앞이마에 해님, 뒤이마엔 달님, 양 어깨엔 샛별이 오송송 박힌 어여쁜 아기씨였다.

초사흘, 초일뤠*에 불도할망**께 정성으로 멧밥 올리고, 백일 잔치도 치르자 김진국 부인이 말을 했다.

"대감님아, 우리 아기 이름 무엇으로 지으카마씸?"

대감이 곰곰이 생각해보고 서책도 이리저리 뒤적여 보다가 여종 느진덕정하님을 불렀다.

"여봐라, 밖에 나강 마을 앞 산을 보라. 지금 시절이 어떵허냐?"

느진덕정하님이 올레 밖에 나가 앞산을 이리저리 둘러보고는 돌아와 아뢰었다.

"밖에 나가 앞산을 둘러보난 저 산 이 산 줄기 줄기마다 산천 초목에 구시월 단풍이 곱게 들어십디다."

대감이 고개를 끄덕이더니 마침내 마음을 정하였다.

"시절이 좋구나. 우리 아기 이름을 '저 산 줄기 뻗고 이 산 줄기 뻗어 왕대월산 금하늘 노가단풍 자주명왕'이랜 허는 것이 어떻소?"

부인이 좋아서 손뼉을 치며 화답했다.

"어서 걸랑 그리 허게 마씸."

---

* **초일뤠** 초이레, 7일
** **불도할망** 상승할망. 아기를 점지해주는 여신

느진덕정하님도 아기를 쳐다보며 나직이 불러보았다.

"저 산 줄기 뻗고 이 산 줄기 뻗어 왕대월산 금하늘 노가단풍 자주명왕 아기씨! 아이고, 이름도 길다! 난 그냥 자주명왕 아기씨랜 불러사키여."

자주명왕 아기씨가 한두 살에 어머니 무릎에 앉아 바동바동 다리를 흔들며 까르륵 웃고, 두세 살에 아버님 무릎에 앉아 바동바동 다리를 놀리면서 재롱을 피우는데, 어느덧 열다섯 십오 세가 되었다.

하루는 하늘에서 옥황상제의 분부가 내려왔다.

"임정국 대감은 천황공사 살러 오고, 김진국 부인은 지하공사 살러 오라."

명을 받은 부부가 아기씨를 바라보며 한숨을 쉬었다.

"우리 부부 하늘 공사 땅 공사 살러 가는데 우리 딸아기를 어찌허여 두고 가면 좋으카마씸. 아들이믄 책방아이로나 데령 가주마는 딸자식이니 그리 할 수도 없고. 그렇다고 그냥 놓고 갈 수도 없는 노릇 아니우꽈?"

"딸년이 열다섯이 되어도 아직 분시* 어신 아인디 어멍 아방 어서졋댄** 함부로 얼러뎅기당*** 무신 일이라도 생기믄 어떵헐 거라? 허, 이것 참 난감한 일이로고!"

부부가 무릎을 맞대고 이리저리 궁리를 하다가 마침내 묘안을 내놓았다. 일흔여덟 구멍 뚫린 살창에 마흔여덟 고무살창 덧대어 만들어놓고 딸을 안에 가두어놓아 살창 안에서만 지내게 한다는 것이었다. 부부는 딸아기를 방 안으로 들어가게 하고 살창에 자물쇠를 채워서 봉인을 했다. 그러고는 느진덕정하님에게 분부했다.

"이제부터는 아무도 저 문을 열믄 안 된다. 우리가 하늘공사

62

지하공사 사는 동안 고망으로 밥을 주곡 고망으로 옷을 주도록 허라. 그렇게 아무 일 없게 아기씨를 키왐시민 돌아와서 종문서를 돌려주고 나가 살 수 있게 해주마."

느진덕정하님이 허우덩싹^{••} 웃으며 대답했다.

"걱정허지 맙서. 나가 우리 아기씨 아무 탈 없게 잘 보살피쿠다."

그렇게 아기씨를 살창 안에 가둬놓고 부부가 공사 살러 떠나갔다. 느진덕정하님은 부부가 당부한 대로 구멍으로 밥을 주고 구멍으로 옷을 주면서 아기씨를 보살폈다.

하루는 황금산 도단 땅에서 삼천선비가 글공부 하다가 잠시 노닥거리며 이 말 저 말 얘기를 주고받았다.

"아, 저 초승달이 참으로 곱구나."

"저 달이 아무리 곱댄 해도 주년국 땅 노가단풍 자주명왕 아기씨 얼굴보다 더 고우카."

• **분시 철**(분시 어신: 철없는)

•• **어서젓댄** 없어졌다고

•• **얼러뎅기당** 어울려 다니다가

•• **허우덩싹** 몹시 기뻐서 어쩔 줄 몰라 입을 크게 벌리고 소리 없이 웃는 모양

"거 참, 경 곱댄 소문난 아기씨 얼굴이나 한 번 봐시민 좋으키여."

"임정국 대감이 천황공사 살레 가고 김진국 부인은 지하공사 살레 갓댄 햄신디 이참에 얼굴이나 한 번 보러 가카?"

"거 참 희여뜩헌 소리°! 들리는 풍문에 볕 한 점 들지 않는 살창에 가두어두곡 큰 자물쇠로 잠궈낫댄 햄서."

가만히 듣고 있던 스승님이 한마디했다.

"우리 내기나 한 번 허여 보카?"

삼천선비들이 스승님 얼굴을 쳐다봤다.

"너희들 가운데 노가단풍 자주명왕 아기씨한테 가서 권제삼문 받아오는 자가 이시민 삼천선비들한테서 돈 한 푼씩 받앙 삼천 냥을 모아주주."

모두들 혹해서 눈을 빛내다가 고개를 흔들며 마음을 접고 마는데, 주접선생이 나섰다.

"제가 가서 권제삼문 받아오커매 삼천 냥 준다는 계약문서나 만들어주십서."

스승님이 빙그레 웃으면서 계약문서를 만들어주었다.

계약문서를 받아 쥔 주접선생이 천하 임정국 땅에 내려섰다. 대감댁으로 이어진 올레에 들어서니 정주목에 정낭에 세 개 끼

워져 있었다. 주인이 집에 없으니 돌아가라는 말이지만 주접선생은 정낭을 폴짝 뛰어넘어 마당으로 들어섰다.

주접선생은 말팡돌** 아래로 허리 굽어 인사를 올리며 목청을 울렸다.

"소승 인사 올렴수다."

느진덕정하님이 마당으로 나왔다.

"무슨 일로 여길 와수과? 대감마님은 지금 출타 중이우다."

"예, 다름이 아니오라 우리 법당에 와서 부처님께 원불수륙 올령 탄생한 아기씨가 열다섯 십오 세가 되어신디 아무래도 명(命)이 부족헌 듯하니 권제삼문 받아당 원불수륙재 드령 명을 이어주젠 와수다."

아기씨 명을 이어준다고 하니 느진덕정하님은 고팡**으로 달려가 쌀독에서 바가지에 한가득 쌀을 퍼서는 스님께 내밀었다. 그러자 주접선생이 느진덕정하님이 내미는 권제는 받지 않고 눈길을 돌려 집 안을 살펴보면서 목소리 높여 말을 했다.

---

* **희여뜩헌 소리** 허튼소리
** **말팡돌** 도둣돌. 말을 타고 내릴 때 발돋움으로 쓰기 위해 대문 앞에 놓은 큰 돌
** **고팡** 곡식 창고

"이보시게, 아기씨를 불러주시게. 아기씨 명을 잇고자 허는디 아기씨 손으로 직접 시주를 올리도록 해야 효험이 이신' 거우다."

느진덕정하님이 고개를 흔들었다.

"스님, 아기씨 아버님 어머님이 옥황상제 명으로 공사 살러 가멍 우리 아기씨를 일흔여덟 비껫살창 마흔여덟 고무살창 안에 가둬놓고 자물쇠 통쇠 봉인해두고 갓수다."

"경허믄 아기씨한테 강 말 한마디 들어나 봅서. 제가 자물쇠 통쇠를 열어주믄 아기씨 손으로 권제삼문을 내줄 수 이실 건가."

느진덕정하님이 아기씨한테 가서 주접선생의 말을 전했다. 아까부터 창살에 귀를 대고 듣고 있던 아기씨가 허우덩싹 웃으며 대답했다.

"어서 걸랑 그리 허라."

주접선생이 천앙낙화금정옥술발 요령을 들어 한 번 둘러치니 고무살창이 요동하고, 두 번을 둘러치니 자물쇠 통쇠가 요동하고, 세 번을 둘러치니 자물쇠 통쇠가 살강 풀어지며 문이 절로 열렸다.

아기씨는 하늘이 볼까 청너울을 둘러쓰고 땅이 볼까 흑너울을 둘러써서 사르륵 밖으로 나왔다. 아기씨가 느진덕정하님으로부터 권제삼문을 받아서 주접선생께 드리려 하는데, 주접선생이 자루 한 귀퉁이는 입에 물고 또 한 귀퉁이는 한 손에 잡고 나머지 한 손을 아기씨 소맷자락 속에 집어넣는 게 아닌가.

"높이 들엉 시르르시르르 비우십서."

아기씨가 얼굴을 붉히며 야단했다.

"이놈의 땡중이 양반집에 못 뎅키여[*]. 한쪽 손은 어딜 가고 입으로 자루귀퉁이를 물어시냐? 니 에미 귀라고 물어시냐?"

주접선생이 능청스럽게 말을 받았다.

"예, 한쪽 손은 하늘옥황 단수육갑(單數六甲) 짚으러 올라갓수다."

아기씨가 권제삼문 쌀 바가지를 들어 삼세 번 시르르 시르르 시르르 비울 때, 주접선생이 옷소매 속으로 넣었던 손을 꺼내 아기씨 상가마를 오른쪽으로 세 번, 왼쪽으로 세 번 쓸어내렸다. 아기씨가 엄마줌착[*] 놀라 뒷걸음쳤다.

"이놈의 중이 괘씸허구나!"

자주명왕 아기씨가 화를 내자 주접선생이 빙그레 웃으면서

---

[*] **이신** 있는
[*] **뎅키여** 다니겠구나
[*] **엄마줌착** 깜짝 놀라는 모양

말을 했다.

"아기씨 상전님아, 경*욕 허지 맙서. 석 달 열흘 백일만 되엄시민 날 찾을 일 이실 거우다."

주접선생이 밖으로 나가자 아기씨가 살창 안으로 들어서면서 말했다.

"느진덕정하님아, 아까 저 중이 이른 말이 아멩해도** 이상허다. 어서 쫓아가서 본메**나 받앙 오라."

느진덕정하님이 문밖으로 달려가서 주접선생을 붙들었다. 그러고는 머리에 쓴 송낙 귀도 한 귀퉁이, 몸에 입은 장삼 귀도 한 귀퉁이 끊어와 말팡돌 아래 파묻고 아기씨한테 귀띔해놓았다.

하루 이틀 한 달 두 달 지나가니 아기씨 몸이 전과 같지 않으니 이게 무슨 일인가. 밥에는 밥내 나고 국에는 국내 나고 물에는 개펄냄새 반찬에는 풀내, 된장 간장에는 칼내** 나서 도무지 먹을 수가 없었다. 아기씨는 느진덕정하님한테 투정을 부렸다.

"아이고 먹고 푸다. 새콤새콤 신맛 나는 다래도 먹고푸고 달콤달콤 오미자도 먹고푸다."

하도 아기씨가 앙탈을 부리니 느진덕정하님이 집을 나와 깊고 깊은 굴미굴산으로 들어갔다. 오미자도 따고 다래도 따려하니 높은 나무에 열려 있어 딸 수가 없었다. 느진덕정하님은 두

손을 마주 잡고 빌어보았다.

"명천 같은 하늘님아, 홀연광풍 바람 한 번 불게 해줍서. 오미자 연다래 떨어지믄 방울방울 주서다가 우리 아기씨 먹여보게 마씸."

그러자 홀연히 거센 바람이 한바탕 불더니 높은 나무에 달려 있던 열매가 타닥타닥 우박 떨어지듯 떨어져내렸다.

"아이고, 소망이랏저[*]."

느진덕정하님이 방울방울 떨어진 오미자 연다래를 행주치마에 가득 주워다가 아기씰 드렸는데 한두 방울 먹어보더니 풀내 난다고 물리쳐버렸다. 이렇게 아무것도 먹질 못하니 힘이 쭉쭉 빠지다가 방구석에 드러누워 사경을 헤맬 지경에 이르렀다.

느진덕정하님이 겁이 나서 큰상전께 서신을 띄웠다.

"아기씨 상전님이 목숨이 위태로우난 일 년에 마칠 일 한 달

• **경** 그렇게
•• **아맹해도** 아무리 해도
💠 **본메** 증거물. '본메본장'이라고도 한다.
⁘ **칼내** 간장에서 나는 냄새
⁘• **소망이랏저** 다행이다

에 마치고, 한 달에 마칠 일 하루에 마쳐서 어서어서 바삐 서둘 렁 돌아오십서."

서신을 받은 부모가 이거 무슨 일인고 놀라 일을 서둘렀다.

"벼슬을 못 살민 말주, 귀한 자식 죽어감댄 허는디 어서 바삐 가고 보자."

천하공사 지하공사 그만두고 집으로 돌아와 일흔여덟 고무 살창 살강 열어보니 딸자식 배가 항아리만큼 불러 있었다.

아기씨가 아버님한테 인사드리러 가는데 소곡소곡 몸을 움 츠리면서 병풍 뒤로 숨어드는 게 아닌가.

"무사 병풍 뒤로 감시냐?"

"아버님도 남자 아니우꽈? 남자 앞이라 조신허게 몸가짐 헌 다고 병풍 뒤에 숨어수다."

"니 말도 맞다. 경헌디 어떵허연 네 눈은 흘깃흘깃 흘그산이 되어시냐?"

"아버님, 어느 때면 아버님이 오실까 살창 구멍으로 하도 보 당 보난 찬 이슬 맞안 흘그산이 되어수다."

"코는 어떵허연 둥그러니 말똥코가 되어시냐?"

"아버님이 보고파서 눈물콧물 하도 흘려노난 문드러젼 말똥 코가 되어수다."

"경허믄 배는 어떵허연 두룽배가 되어시냐?"

70

"느진덕정하님이 삼시세끼 고봉밥으로 지어주난 식충이 다 되언 두룽배가 되어수다."

"경허믄 목은 어찌 홍두깨가 되어신고?"

"아버님이 언제 오나 짧은 목을 길게 늘리멍 보당보난 홍두깨 되어수다."

"알앗저, 어서 어머님한테도 강 인사드리라."

아기씨가 허리를 뒤로 젖히고 자작자작 걸어 어머님 방으로 가니 딸아이를 본 어머니가 눈을 동그랗게 뜨며 입을 열었다.

"배는 어찌 두룽배가 되어시냐? 아멩해도 이상하다. 이 모든 일이 내가 해본 일이 아니더냐?"

어머니가 달려들어 아기씨 옷가슴을 열어보는데 젖꼭지가 검은 데다가 일흔여덟 젖줄이 서 있는 게 아닌가.

"아이고, 이 일을 어떵허믄 좋으코. 양반집에 사단이 나신게. 딸자식 궁 안에 바람이 들엇저!"

부인은 은대야에 물을 떠다가 은젓가락 두 개 걸쳐놓고 딸자식을 앉혀보니 아기씨 배 안에 아들 삼형제가 소랑소랑 앉아 있는 게 물에 비췄다. 부인이 놀라 뒤로 자빠졌다. 이 일이 어떤 일이라고 숨겨둘 수가 있는가. 부인은 간신히 일어나 대감께 가서는 이실직고 자초지종 전했다.

임정국 대감이 몸을 부르르 떨면서 호령했다.

"앞밭에 작두를 걸라, 뒷밭에 작두를 걸라."

대감은 길길이 날뛰다가 자객을 불러 칼춤을 추게 하며 아기씨를 죽이려 했다. 그러자 느진덕정하님이 눈물을 뿌리며 달려들었다.

"아기씨 간수를 제대로 못헌 제 잘못이니 차라리 저를 죽여줍서. 아기씬 아무 잘못 없수다."

그러자 아기씨가 뛰어들어 느진덕정하님을 밀쳐내며 울부짖었다.

"아니우다. 제 몸뚱이 하나 제대로 간수를 못해시난 모두 내 잘못이우다. 경허난 나를 죽여줍서."

대감이 혀를 찼다.

"허, 이거 할 수 없는 일이로고. 딸아기 죽이젠 허당 다섯 목숨 죽여질로구나. 별 수 없이 너 목숨은 살려주키여마는 부모 눈 밖에 난 자식 집 안에 둘 수 어신 일이여."

그렇게 임정국 대감은 몸 간수 제대로 못한 딸자식과 종년을 집에서 내치도록 명을 내렸다.

어머님이 눈물을 감추면서 검은 암소를 내어줬다.

"먼 길 가젠허민 힘들 거여. 옷가지는 여기 실엉 가라."

아버님도 자식에 대한 마음은 애틋한지라 금부채를 꺼내주면서 당부했다.

"너희들이 길을 가당 앞이 막히면 이걸로 다리를 놓아가멍 건너가라."

검은 암소도 여자로다, 느진덕정하님도 여자로다. 아기씨도 여자니, 세 여인이 울면서 올레 밖으로 길을 나섰다. 해 지는 양 발 가는 양 앞으로 나아가는데 느진덕정하님이 앞장서고 아기씨는 뒤에 서서 따라갔다.

그렇게 정처 없이 길을 가다가 문득 앞을 보니 마른 억새밭에 불이 붙어 활활 타고 있었다.

"이게 무슨 일이냐? 느진덕정하님아, 어떤 일로 억새밭에 불이 붙어시냐?"

"아기씨 상전님아, 저것은 부모 가슴에 붙은 불이우다. 무남독녀 귀하디 귀한 외동딸이 시집도 가기 전에 남의 아일 가져신디 어찌 불이 안 날 수 이시쿠과."

아기씨는 속이 타들어가는 어머니를 생각하며 눈물을 흘리다가 다시 발걸음을 떼었다.

남이산도 넘어가고 북해산도 넘어가고 어렁떠렁 가다 보니 칼선다리가 나타났다.

"느진덕정하님아 무슨 일로 칼선다리가 앞을 막암시냐?"

"아기씨, 부모가 우릴 죽이젠 할 때 칼을 바짝 세우고 죽이젠 해시난 칼선다리가 앞을 막는 거우다."

칼선다리를 건너가자 애선다리가 앞을 막았다.

"느진덕정하님아, 저 다리는 무엇이냐?"

"부모가 자식을 내칠 때 속으로는 애가 닳았으니 애선다리가 되옵니다."

애선다리를 넘어가니 등진다리가 나타났다.

"이건 또 어떤 다린고?"

"부모 자식 이별할 때 등을 지고 떠나 왔으니 등진다리가 됨수다."

등진다릴 넘어가니 옳은다리가 있었다.

"이건 또 무슨 다리냐?"

"부모 자식 이별할 때 자식 위하는 마음은 여전해서 금부채를 내어주니 그것이 옳은 마음이라 옳은다리 되엄수다."

옳은다리 넘어가니 아래로 위로 흐르는 물이 보였다.

"물은 아래로 흐르는 것인디 이건 어떵허연 위로 아래로 흘럼시냐?"

"부모 자식 간에, 자식이 밖으로 나가난 거스르는 물이 되언 위로 흐르는 것이우다. 상전님아 상전님아, 오십서. 우리 저 산 위에 올라상 시원한 바람이나 쏘이당 머리를 올리게마씸. 아기씨도 이제 자식 가진 부모 아니우꽈?"

"어서 걸랑 그리 허자."

높은 오름 위에 올라서서 세 가닥으로 땋은 머리 여섯 가닥으로 갈라다가 건지*를 올렸다. 머리를 올리고 보니 아기씨는 어느덧 몸가짐이 의젓해져서 흐뭇한 마음으로 만삭의 배를 쓰다듬어 보았다. 이렇게 자주명왕 아기씨가 땋은 머리 건지를 올린 연유로 대정에 가면 지금도 건지오름이 있는 것이다.

아기씨와 느진덕정하님이 건지오름을 지나고 대정고을에 들어서니 조심다리가 나타났다.

"상전님아 상전님아, 조심 조심해영 조심다리 지나옵서."

그때에 내온 법으로 대정고을에는 지금도 조심다리가 있게 되었다.

조심다리를 지나가니 청수바다가 앞을 막아 더 이상 나아갈 수가 없었다. 한숨을 쉬던 자주명왕 아기씨는 아버님이 주신 금부채가 생각났다. 아버님이 주신 금부채로 다리를 놓은 아기씨는 느진덕정하님과 건너갔다. 그렇게 청수바다를 지나가니 삼천리 길 너른 바다가 또다시 앞에 펼쳐졌다.

이제 금부채도 없고 어떻게 저 너른 바다를 건너갈까 막막하여 절로 눈물이 나왔다. 아기씨와 느진덕정하님이 대성통곡을

---

* **건지** 땋은 머리

하다 보니 무정한 눈에 잠이 쏟아졌다.

그렇게 잠이 들어 시간 가는 줄 모르고 있는데 하얀 강아지 한 마리가 어디선가 나타나서 꼬리에 물을 묻혀 아기씨 얼굴에 묻히는 것이었다. 얼굴이 선뜻선뜻하여 발딱 잠을 깨고 보니 하얀 강아지가 한 마리 빤히 쳐다보고 있는 게 아닌가.

"너는 어떤 짐승이 됩시냐?"

"상전님아 상전님아, 나를 모르쿠과? 상전님이 임정국 땅에 살 때 나를 애지중지 키우다가 병들어 죽었다고 사해바다 사신 용왕에게 던져버려수게. 저는 이제 용왕국 거북사자가 되어수다. 상전님아, 걱정하지 말앙 나 등에 올라탑서. 검은 암소에도 올라탑서. 이 거북사자가 삼천리 바닷길을 무사히 넘어가게 해 드리쿠다."

"어서 걸랑 그리 허자."

자주명왕 아기씨가 강아지 등에 타고 느진덕정하님이 검은 암소 등에 타서 수삼천리 바닷길을 넘어갔다. 마침내 땅에 올라서니 절간이 하나 보였다. 먼저 가서 살피고 온 느진덕정하님이 소리쳤다.

"상전님아 상전님아, 저 절간의 문을 봅서. 한쪽 귀 없는 송낙과 자락이 끊어진 옷 장삼이 걸려 잇수다."

"느진덕정하님아, 우리가 맞게 찾아온 거 닮다."

둘은 주접선생한테서 끊어다 간직해온 본메를 맞춰보고 잘 찾아왔다고 기뻐했다. 절간 안으로 들어가니 주접선생이 기다리고 있었다는 듯 아기씨를 보면서 본메를 내어보라고 했다. 주접선생은 아기씨가 내어놓은 송낙 귀 장삼 귀가 똑 들어맞으니 그제야 고개를 끄덕였다.

"나를 찾아온 인간이 분명하구나. 허나 나의 배필이 되젠 허믄 볍씨 두 동이를 까 올려야 할 것이다."

자주명왕 아기씨가 볍씨 두 동이를 머리에 이고 와서 절 마당에 내려놓고 손톱으로 까려 하니 손톱이 아파서 까지 못하고, 발톱으로 까려 하니 발톱 아파서 까지 못했다. 이를 어찌하나 비새같이 눈물 흘리다 보니 무정한 눈에 잠이 쏟아졌다. 깜박 잠이 들었는데 천황새가 모여들고 지황새, 인황새가 모여들어 오조조조 오조조조 볍씨 두 동이를 다 까놓았다.

아기씨가 새소리에 잠이 깨어 발딱 일어섰다.

"아이고, 볍씨를 다 먹으민 아니된다. 이놈의 새, 훠이훠이, 저놈의 새, 훠이훠이!"

새를 쫓을 때마다 새들이 포르릉 포르릉 날갯짓을 하면서 벼의 겨를 불려놓으니 볍씨 두 동이가 오골오골 제대로 장만이 되었다. 아기씨는 쌀 두 동이를 머리에 이고 법당 안에 들어섰는데 그제야 주접선생이 아기씨를 제대로 반겨주었다.

"나를 좇아온 아기씨가 나의 배필이 되었주마는 나는 절간에 사는 중이라 부부간에 함께 살지 못헌다. 내가 불도 땅에 구부러진 길을 놔줄 거난 불도 땅으로 들어강 살멍 아기를 낳고 키우도록 허라."

주접선생이 구불구불한 길을 놓아주니 아기씨와 느진덕정하님은 구불구불 돌아가며 길을 걸어 불도 땅으로 들어갔다. 불도 땅은 어머니 태에서 나온 아기가 열다섯 십오 세가 될 때까지 불도할망이 키워주는 곳이다.

어느덧 구월 초 여드레가 가까워오는데 아기씨의 산통이 시작되었다.

"아야, 배여. 아야, 배여!"

큰아들이 솟아나오려 하는데 어머님 아래로 나려 하니 아버님이 아니 보았던 길인지라 그곳으로 나올 수 없어 어머니 오른쪽 겨드랑이를 뜯어내 나왔다. 열여드레 가까워오니 셋아들*이 솟아나오려 하는데, 아래로 나오려 하다가 아버님도 아니 보았던 길이요, 형님도 아니 나왔던 길이라 왼쪽 겨드랑이를 허위틀어** 그곳으로 솟아나왔다. 스무여드레가 되어 작은아들이 나오려 하는데, 아래로 나오려 하니 아버님도 아니 보았던 길이요, 형님들도 아니 나왔던 길이라 우리 삼형제 가지고 애달팠던 어머님 가슴이나 허위틀어 나가보자고 가슴으로 솟아나왔다.

자주명왕 아기씨는 아이들의 이름을 지어주었는데, 큰아들은 본명두, 셋아들은 신명두, 작은아들은 살아살축 삼명두라 했다.

초사흘 날 목욕상잔을 내어놓고 삼형제 목욕을 시켰다. 그러고는 아기구덕에 아기들을 눕히고 흔들며 자장가를 불렀다.

"웡이자랑 웡이자랑 초여드레 본명두도 웡이자랑, 열여드레 신명두도 웡이자랑, 스무여드레 삼명두도 웡이자랑. 자는 것은 글소리요 노는 것은 활소리라."

아들 삼형제는 자주명왕 아기씨의 사랑과 불도할망의 보살핌을 받으며 무럭무럭 자랐다.

아이들이 한두 살이 지나가고 대여섯 살이 되어가니 덧덧 기운 누비바지 저고리를 입고 올레 밖에 나가 놀았다. 그러면 좋은 옷 입고 천둥처럼 놀던 다른 집 아이들이 삼형제를 보고 놀리기 일쑤였다.

"아비 없는 호로 새끼, 저리 가라. 우린 아비 없는 호로 새끼

• **셋아들** 둘째 아들
•• **허위틀어** 모질게 뜯어

들이영 놀지 안 허키여."

삼형제가 비새같이 울면서 어머니한테 달려왔다.

"어머님, 우리 아버진 어딜 갔수과? 아이들이 호로 새끼랜 허멍 막 놀렴수다. 우리 아버지가 어디 가신지 말해줍서."

"너희들은 귀한 자식들이니 신경 쓸 것 없다. 너희 아버진 너희들이 커감시믄 알 도리가 이실거여."

자주명왕 아기씨는 아들들을 달래면서 어른이 되면 아버지를 볼 수 있을 것이라 말했다.

여덟 살이 되던 해에 다른 집 자식들은 삼천서당에 글공부를 가지마는 삼형제는 돈이 없어 글공부를 할 수 없었다. 공부가 너무 하고 싶은 삼형제는 삼천서당 선생님께 허드렛일을 하면서 공부할 수 있게 해달라고 청을 드렸다. 그래서 큰형님은 삼천선비들의 벼룻물을 준비하기로 하고, 셋형님은 선생님 방에 재떨이를 비우고 방 안 치우기를 하고, 작은아우는 선생님 눕는 방에 굴뚝을 때기로 했다.

이렇게 맡은 일을 다 하고 나서 굴뚝 어귀에 모여 앉아 손바닥으로 재가 쌓인 바닥에 '하늘 천(天) 따 지(地)'를 쓰는 것이 날로 실력이 늘어 장원 감이 되어갔다. 헌데 재가 쌓인 바닥에서 글을 쓰면서 공부를 하다 보니 얼굴에 늘 재가 묻어 있었다. 그래서 삼천선비들이 이들을 놀리면서 '잿부기 삼형제'라 불렀다.

젯부기 삼형제가 열다섯 살 나는 해에, 삼천선비가 서울 상 시관에 과거를 보러 올라가게 되었다. 삼형제도 과거 보러 가 고 싶었지만 옷도 없고 노잣돈도 없어 어머님 앞에서 대성통곡 을 했다. 그렇게 어미 가슴을 메어지게 하니, 어머니가 삼형제 를 달래면서 뜻이 그리 간절하면 무슨 수가 나지 않겠냐고 말 을 했다.

하루는 스승님이 젯부기 삼형제를 불러 짐꾼으로 삼천선비 들을 따라 서울 상시관에 다녀오라고 했다. 젯부기 삼형제는 날 듯이 기뻐하며 삼천선비들의 짐들을 받아 짊어졌다.

땀을 뻘뻘 흘려가면서 삼천선비들의 짐을 지고 가는데 조금 이라도 뒤처지면 발길질을 당하니 염주 같은 눈물이 다닥다닥 다리를 놓았다. 삼천선비들은 그렇게 삼형제를 타박하면서 가 다가 수군수군 공론을 하였다.

"젯부기 삼형제를 떨쳐놓고 가사주 같이 데려갔다가는 저것 들이 급제하고 우리들은 과거에 낙방하게 될 거여. 무슨 수를 써서라도 저것들을 떨어뜨려놓고 우리만 가게."

삼천선비들이 저희들끼리 공론을 하고 나서 젯부기 삼형제 에게 말했다.

"너희들은 노잣돈도 하나 어시난 배나무배좌수 집에 강 저 배 삼천 방울만 따 오라. 경허민 우리가 한 방울씩 먹고 삼천 냥

을 모와주마. 어떵허냐."

"어서 걸랑 그리 헙서."

삼천선비들이 배나무배좌수 집의 배나무 위에 삼형제를 올
려놓고, 배 따느라 정신이 없는 틈에 서울로 올라가버렸다. 삼
형제가 배를 따서 바지주머니에 담아놓고 내려가려 하니 몸이
천 근 만 근이 되어 나무에 달라붙은 채 다리를 뗄 수가 없었다.
젯부기 삼형제는 아래로 내려가지도 못하고 올라가지도 못한
채 나무 위에서 붙어 서서 비새같이 울기 시작했다.

배좌수가 대청마루에 누워 언뜻 잠이 들어 꿈을 꾸었는데, 배나무 위에 청룡, 황룡이 틀어지고 얽어진 듯 감아 앉아 있었다. 잠이 깬 배좌수가 이상하다 생각하며 마당으로 나가 배나무 위를 올려다보았다. 그러자 배나무 위에는 무지렁이 총각 셋이 올라앉아 비새처럼 울고 있는 게 아닌가.

"이놈들아, 거기서 뭐 햄시냐? 어서 아래로 내려오라."

"바짓가랑이 속에 배가 가득 들어차난 몸 무거웡 못 내려가쿠다."

"바지 속에 있는 배는 발목 묶은 대님을 풀엉 알로 떨어지게 허면 될 거 아니냐!"

삼형제가 발목의 대님을 풀어내니 배 삼천 개가 타닥닥 마당으로 굴러 떨어졌다. 젯부기 삼형제는 배를 훔치다가 들켰으니 목숨을 내놓아야 할 판이라 생각하면서 아래로 내려왔다.

"아이고, 우리 삼형제 이제 목숨이 끊어질로구나. 설운 어머님 얼굴도 못 보고 이별해사키여."

벌벌 떨면서 땅바닥만 내려보고 서 있으니 배좌수가 어떤 연유로 배나무 위에 올라갔는지 자초지종을 물었다. 젯부기 삼형제가 그간 있었던 일을 남김없이 아뢰자 배좌수는 저녁밥 잘 차려 먹이고는 돈 열 냥씩 내어주면서 말했다.

"어서 가서 과거를 보아라. 종이는 종잇전에 가면 주고, 먹은 먹전에 가면 준다.”

젯부기 삼형제는 이번엔 너무도 고마워서 눈물을 흘렸다.

“아이고, 배 도둑질도 용서해주고 이리 은혜를 베풀어주난
하늘 같은 은혜우다.”

삼형제가 어찌나 기쁜지 날듯이 몸을 달려 서울 상시관으로
가보니 동서남북 문이 다 닫혀버렸다. 문을 두드리며 바동거려
보아야 굳게 닫힌 문은 더 이상 열리지 않았다. 젯부기 삼형제
가 풀썩 주저앉아 비새같이 눈물을 흘리고 있으려니까 팥죽을
팔던 할머니가 가까이 다가와 울고 있는 연유를 물었다.

“총각들이 무슨 일이 이선 영 불쌍허게 울엄서?”

“우리도 과거를 보젠 와신데, 삼천선비들만 먼저 들어가고
동서문을 닫아부난 들어가지도 못하고 비새같이 울엄수다.”

“아이고, 듣고 보니 사정이 딱허다. 내가 과거 시험 보게 해주
카. 우리 딸아기가 삼천선비 벼룻물 심부름을 하고 이시난, 딸
아기가 물을 길러 밖으로 나오믄 써놓은 걸 줘서 가져다 바치
게 해주키여. 경허난 이제 그만 울라.”

삼형제가 허우당싹 웃으면서 발딱 일어나 붓전에 가서 붓을
사고, 먹전에 가서 먹을 사고, 벼룻전에 가서 벼루를 사 가지고
왔다. 붓을 발가락에 끼고서는 큰형님은 ‘천지혼합(天地混合)’,
셋형님은 ‘천지개벽(天地開闢)’, 막내아우는 ‘상경개문(三更開門)’

이라 써놓고 팥죽할머니 딸에게 주었다.

팥죽할머니 딸은 삼천선비 벼룻물을 놓다가 글 쓴 종이에 돌멩이를 담아서 팽팽 감아 상시관이 있는 쪽으로 슬쩍 던져놓았다.

종이 뭉치가 상시관 가슴으로 떨어졌다. 상시관이 이게 뭔가 하고 종이를 펴보고는 고개를 끄덕이며 무릎 아래로 내려놓았다.

삼천선비는 모두 과거에 낙방하고 젯부기 삼형제가 떡하니 과거에 급제했다. 삼천선비들은 누가 과거에 급제했는지 궁금해서 둘러보았으나 아무도 나서는 선비가 없었다.

"과거 급제자는 앞으로 나서라."

상시관이 외쳤으나 아무도 나서는 이가 없어 연추문을 열어 밖을 보았다. 거기에는 젯부기 삼형제가 팽나무 아래 앉아 끄덕끄덕 졸고 있었다.

"젯부기 삼형제 과거 급제여!"

큰형님은 장원급제(壯元及第), 셋성님*은 문선급제(文選及第), 막내동생은 팔도도장원(八道道壯元)이었구나. 누비바지 벗어놓

---

* **셋성님** 둘째 형님

고 관복을 입어놓으니 해와 달이 희롱하는 듯 신수가 훤하였다.

"이만허민 우리 어머님이 얼마가 반갑고 지꺼지랴*!"

이렇게 삼형제가 기뻐하는데, 삼천선비가 상시관 앞으로 나아가서 탄원서를 제출하였다.

"어찌 중의 아들에게 과거 급제시키고, 삼천선비들한테는 과거 낙방을 시킵니까?"

"중의 아들인지 어떻게 알겠느냐?"

"도임상(到任床)을 차려줘보십서. 경허믄 알 도리가 있을 것이우다."

도임상을 차려주니 과연 삼형제가 고기 안주는 먹는 척하다가 상 밑으로 내려놓아버렸다. 그걸 본 상시관이 선언했다.

"젯부기 삼형제 과거 낙방이여!"

삼형제가 관복을 벗어놓고 입었던 누비바지 둘러 입고는 땅을 치고 손목을 비틀어가면서 대성통곡을 하였다.

이제 누구를 장원급제시킬 것인가? 고민하던 상시관이 나서서 말했다.

---

* **지꺼지랴** 기뻐하겠는가

"삼천선비 가운데 연추문을 맞히는 자가 있으면 과거를 급제시켜 주리라."

삼천선비가 활을 쏘아도 아무도 연추문을 맞추는 자가 없었다. 그러자 삼형제가 나서서 활을 쏘는데, 큰형님이 쏘니 연추문이 요동치고, 셋성님이 쏘니 연추문이 열리고, 막내동생이 쏘니 연추문이 절로 설강 넘어졌다. 상시관이 고개를 끄덕이며 인정했다.

"하늘에서 태운 과거로다. 과거를 내어주라. 청일산도 내어주라. 흑일산도 내어주라. 백일산도 내어주라. 쌍가마에 비수화, 삼만관속 육방하인, 춤 잘 추는 저 광대, 줄 잘 타는 저 사령 모두 다 내어주라!"

다시 관복을 차려입은 젯부기 삼형제가 말에 올라타서 비비둥둥 비비둥둥 관악을 울리며 장원급제 행진하였다. 삼형제는 감격하여 마지않았다.

"어서 바삐 어머님 계신 곳으로 가자."

젯부기 삼형제는 의젓하게 말 위에 앉아 어머님이 계신 곳으로 행진해 나아갔다.

장원급제를 삼형제가 차지하자 앙심을 품은 삼천선비가 느진덕정하님을 찾아와 말했다.

"너희 상전 삼형제를 과거 낙방시키면 우리가 종문서를 찾아다가 돌려주마."

느진덕정하님이 허우덩싹 웃으면서 대답했다.

"어서 걸랑 그리 헙서."

삼천선비가 노가단풍 자주명왕 아기씨를 물명주 끈으로 목을 감아서 하늘옥황 삼천천제석궁(三千天帝釋宮) 깊은 궁에 가두어버렸다. 그러자 느진덕정하님은 짚풀로 머리를 묶고서는 아이고 대고 대성통곡을 하면서 삼형제한테 달려갔다.

"상전님아, 상전님아, 어머님은 죽어서 가매장 허여신디 벼슬을 허민 무슨 소용 잇수과?"

삼형제가 놀라 말에서 내려왔다. 삼형제는 하늘이 무너진 듯 울기 시작했다.

"어머님은 죽어서 세상을 버려신디 과거를 허민 뭣 허리. 벼슬을 살면 뭣 허리. 삼만관속 육방하인 다 돌아가라."

삼형제는 통두건을 쓰고 아이고 대고 울어가면서 어머니 가매장한 봉분을 파서 보니 아무것도 없는 헛봉분이었다. 삼형제는 어머니를 찾기 위해서 먼저 하늘공사를 맡아보는 외할아버지 임정국 대감을 찾아갔다.

임정국 땅으로 들어서니 외조부는 배석자리*를 내어주면서 어머니를 찾으려면 황금산 도단 땅의 아버지를 찾아가라고 했다. 그때 생겨난 법으로 신방이 굿을 하러 가면 신(神)의 자리라고 하면서 돗자리를 깔아주는 법이 생겼다. 심방은 이 신자리 위에서 춤을 추고 절을 하면서 굿을 진행해나가는 것이다.

삼형제가 황금단 도단 땅 주접선생을 찾아갔다. 삼형제는 아버지께 인사드리고 어머니를 찾아달라고 애원했다.

"너희들이 어머니를 찾으려 하면 전생 팔자를 그르쳐 심방^{••}이 되어야 한다."

"저희들 팔자 그르쳐도 좋으난 어머니를 찾게 해줍서."

주접선생이 고개를 끄덕이면서 아들들에게 물었다.

"설운 아기들아, 처음에 날 찾아올 때 먼저 뭣을 보았느냐?"

"하늘을 보고 왔수다."

"그러면 하늘 천(天) 자를 마련하고, 두 번짼 무엇을 봤느냐?"

"땅을 보고 왔수다."

"두 번짼 땅 지(地) 자를 마련하고, 세 번짼 무엇을 보았느냐?"

• **배석자리** 돗자리
•• **심방** 무당

"올레 문을 보고 왔수다."

"올레 문(門) 자를 마련하고, 천지문(天地門)이 새겨진 천문을 만들어주마."

주접선생이 다시 세 아들을 보며 물었다.

"큰아들아, 과거 급제하고 올 때 첫째로 무엇이 좋으시냐?"

큰아들이 대답했다.

"도임상이 좋읍디다."

"큰아들은 초감제상 받아보라."

이렇게 초감제를 마련하고, 둘째에게 물었다.

"셋아들은 무엇이 좋으시냐?"

"날개 달린 관복에 가마 타고 하인을 거느려 행차하는 것이 좋읍디다."

"그러면 너는 그런 관복을 입고 신을 맞이하는 초신맞이 굿을 해보라. 작은아들은 무엇이 좋으시냐?"

"남수화주 적쾌자(藍水禾紬 赤快子)*에 갓을 쓴 차림이 좋아수다."

"그러면 너는 열두 시왕을 맞이하는 시왕맞이 굿을 맡앙 허라."

남주접선생은 삼형제가 팔자 그르쳐 할 일을 정해주고 어머니를 찾게 해주었다.

"너희들 어머니는 삼천천제석궁 깊은 궁에 갇혀시난 저절로 죽은 쇠가죽을 벗겨당 북과 징을 마련허고 내리쿵쿵 내쿵쿵 울리고 있으면 밖으로 나올 수 이실 거여."

젯부기 삼형제가 어머니를 구하기 위해 하늘나라로 가는 도중에 서강베포 땅 어주애삼녹거리에 이르렀다. 거기에는 너사무너도령 삼형제가 하염없이 울고 있었다.

"너희들은 어떤 아이인데 경 슬피 울엄시냐?"

"우리는 부모도 없고 조상도 모르고 일가친척도 어선 갈 데도 올 데도 어시난 신세 처량하여 비새같이 울고 잇수다."

젯부기 삼형제가 같이 슬퍼하며 말했다.

"너희들은 우리영 똑같은 신세로구나. 경허믄 우리 여섯 사람 의형제를 맺는 것이 어떵허냐?"

너사무너 삼형제가 기뻐하면서 의형제를 맺겠다고 했다. 그래서 젯부기 삼형제와 너사무너 삼형제는 모두 어머니가 남긴 물명주 단속옷 속에 왼쪽 가랑이로 들어가 오른쪽 가랑이로 나오는 의식을 행하여 의형제를 맺었다.

그들은 굴미굴산 올라가서 오동나무 첫 가지를 베어다가 북통을 마련하고 병든 송아지 가죽 벗겨다가 북을 마련해서 장구 징도 함께 거두어 삼천천제석궁으로 들어간다.

"설운 어머님 깊은 궁에 들었거든 얕은 궁으로 살아 나오십서."

젯부기 삼형제는 춤을 추고, 너사무너도령은 악기를 때리며 천지를 울리기 시작했다.

난니난니 난니야 어러둥둥 어러둥둥
난니난니 난니야 어러둥둥 어러둥둥

이렇게 두이레 열나흘을 내리 울렸더니 하늘이 감동하여 삼천천제석궁에서 노가단풍 자주명왕 아기씨를 밖으로 내놓았다. 이때 낸 법으로 두이레 열나흘 북을 울려 삼천천제석궁의 문을 여는 제주큰굿을 마련하게 되었다.

여섯 도령은 황금산에 올라가서 삼천기덕(三千旗德) 일만제기(一萬祭器)*를 다 가지고 서강베포 땅에 내려와 신전집**을 지었다.

"어머님은 이승 삼하늘에 살고 계십서."

어머니를 이 신전집 당주로 모셔두고 일천 악기 삼천 제기를 당클 위로 올려놓았다.

"너희들은 이제부터 이 악기들을 지키는 일을 허라."

그때부터 너삼너도령 삼형제는 악기의 신이 되었다.

젯부기 삼형제는 하늘옥황으로 올라가며 너사무너 삼형제에게 말했다.

"너희들은 여기 있으면 너희들을 먹여 살릴 사람이 올 거난

---

* **삼천기덕 일만제기** 제기로 쓸 모든 그릇
** **신전집** 이승과 저승의 중간에 있는 굿청인 이승 삼하늘

기다리고 이시믄 된다."

젯부기 삼형제는 동해바다 대장장이 아들 쇠철이를 불러다가 하얀 모래로 틀을 놓아 신칼, 산판, 요령을 만들게 하고 원수를 갚으려고 하늘로 올라갔다. 양반 잡던 칼은 일흔다섯 척이고, 중인 잡던 칼은 서른다섯 척이고, 하인 잡던 칼은 단 오 척이니, 삼형제는 일흔다섯 척 칼로 삼천선비를 베어 원수를 갚았다. 그리고 삼천천제석궁을 차지한 저승 삼시왕이 되었다.

삼시왕이 하늘로 올라가다 보니, 어머니를 가둔 삼천선비 중의 한 사람인 유정승의 딸이 길가에서 놀고 있었다. 삼형제 삼시왕은 유정승 딸에게 육간제비를 줍게 하여 팔자를 그르치게 하고는 하늘로 올라가버렸다. 육간제비는 무점구(巫占具)로 심방이 되어 팔자를 그르치라는 신의 소명이 내린 것이다.

아기씨는 육간제비 엽전 여섯 푼을 가지고 놀다가 말팡돌 아래 놓아두었다. 그러자 일곱 살 나던 해에 눈이 멀었다 열일곱 나던 해에 눈을 뜨고, 스물일곱에 또 눈이 멀었다 서른일곱에 눈을 뜨고 하다가 예순일곱에 눈이 멀었으나 미래를 예견하는 신안(神眼)을 얻게 되었다. 이렇게 정승 팔자가 험악하니 전생팔자라는 말이 생기게 되었다.

하루는 어주애삼녹거리 자부장자 집에 외딸아기가 병이 들어 죽게 되니, 일곱 매듭으로 묶어놓고는 대성통곡을 하였다. 유정승 따님아기가 지나다가 연유를 물었다.

"어떤 일로 이집엔 통곡소리가 가득허우꽈?"

"이 집안에 외딸아기가 죽어 일곱 매듭으로 묶고 대성통곡을 하는 것이우다."

"지나가는 여인이우다만 죽은 아기씨 맥이나 짚어봐도 되쿠과?"

"그렇게라도 해주면 좋으쿠다."

유정승 따님아기가 맥을 짚어보면서 말했다.

"이 아기씬 삼시왕에 걸렸으니 소지를 살라 굿을 해봅서. 경허믄 알 도리가 있을 거우다."

"경허믄 살아날 수가 이시쿠과?"

"굿을 해봐야 알쿠다."

만일 살아난다고 말을 했으면 하늘 일 땅의 일 모두 꿰뚫는 혜안을 가졌을 것인데, 굿을 해봐야 알겠다고 해서 반은 알고 반은 모르게 되었다.

자부장자의 부탁을 받은 유정승 따님아기는 굿을 하는데, 굿법을 제대로 모르는 상태에서 시작했다가 그만 혼절하고 말았다. 유정승 따님아기는 서강베포 땅 신전집에 가서 엎드려 절을 했다.

하늘에서 보고 있던 저승 삼시왕이 물었다.

"너는 누구냐?"

"저는 유정승 따님아기인데, 일곱 살에 육간제비를 주워 누이 멀고 죽을 고비를 넘다가 예순일곱 살이 된 나이에 굿을 하게 되어신디, 굿법도 모르멍 굿을 시작했다가 수레법망에 걸련 이리 오게 되어수다."

삼시왕은 유정승 따님아기가 굿을 하며 얼마나 역가(役價)*를 올렸는지 그녀의 정성을 저울로 달아보았다. 그러나 유정승 따님아기의 정성이 백 근이 차지 않았다.

"너의 정성이 부족허난 오늘부터 이승 삼하늘에 살멍 도를 닦도록 허라."

유정승 따님아기는 삼시왕의 어머니 자주명왕 아기씨가 사는 이승 삼하늘 신전집에서 도를 닦으면서 무당서 삼천 권을 읽었다. 삼시왕이 대추나무은저울로 그간 공부한 정성을 달아보았더니 백 근이 다 찼다. 그러자 삼시왕은 유정승 따님아기에게 약밥약술을 먹이고 어인타인을 찍어 심방이 될 수 있는 자격을 주었다.

---

* **역가** 심방이 굿을 할 자격을 얻었을 때, 고마움의 표시로 신에게 바치는 제물

삼시왕은 명을 내려 유정승 따님아기가 굿을 할 수 있게 했다.

무구를 싸는 안채포도 내어주라.

북도 징도 설쇠도 내어줘라.

소리 좋던 삼동맥이 설장고도 내어주라.

천문 산판 신칼도 내어주라.

굿할 때 입게 홍포관대(紅袍冠帶),

남수화주(藍水禾紬) 적쾌자(赤快子)도 내어주라.

녹의홍상 연반물 치마에 진녹색 저고리도 내어주라.

백농 버선도 내어주라.

무조신 삼시왕과 맺은 인연 초공신줄도 내어주라.

주화신과 맺은 인연 이공연줄도 내어주라.

삼공 전상신과 맺은 인연 삼공 전상줄도 내어주라.

마을 당과 인연 맺은 당베[唐布]도 내어주라.

부처님과 맺은 인연 절베[寺布]도 내어주라.

송낙, 장삼, 갓도 내어주라.

영기(令旗)도 내어주고 명기(命旗)도 내어주라.

유씨부인은 이제 최초의 심방이 되어 삼시왕 앞에서 춤을 추었다.

니나난니 난니야 니나난니 난니야
니나난니 난니야 니나난니 난니야

이승으로 돌아온 유씨부인은 두이레 열나흘 굿을 하여 자부장자의 딸을 살려내었다. 인간세상 십 년은 저승의 십 일에 해당한다. 십 년 공부한 굿법으로 정성을 다해 십 일 동안 굿을 하여 사람을 살리게 되었으니 그때부터 인간세상의 십 년은 저승의 십 일이라는 역법(曆法)이 생겨나게 된 것이다.

신화, 펼치기

무조신화 젯부기 삼형제 이야기

초공본풀이는 제주도 '심방'의 조상, 즉 무조신(巫祖神)인 삼시왕에 관한 신화이다. 제주에서는 무당을 심방이라 부른다. 심방은 '신의 아이', '신의 형방(刑房)'이란 뜻으로 '신의 덕에 입고, 자고, 먹고, 행동하며', '신(神)의 일을 대신하는 사람'이란 의미이다. 따라서 '심방'이라는 말 속에는 신의 일을 대신하는 사람에 대한 존경과 예우의 의미가 담겨 있다.

무조신이 된 젯부기 삼형제의 탄생과 성장 이야기는 영웅설화와 유사한 구조를 가지고 있다. 평범하지 않은 '신이한 탄생',

고난과 역경의 성장 과정, 그리고 조력자의 등장과 위기 극복, 위대한 업적이 그것이다.

젯부기 삼형제가 생명으로 잉태되어 탄생하게 되는 과정부터 평범한 사람과는 다르다. 시주를 받으러 간 스님이 한 손으로 하늘옥황 단수육갑을 짚고, 다른 한 손으로 아기씨 머리를 쓸자 잉태가 된 것이다. 그리고 삼형제는 어머니 자궁으로 태어난 것이 아니라 양쪽 겨드랑이와 가슴을 헤치고 나온다. 저승법으로 이승을 다스리는 삼시왕의 신이(神異)한 출생 내력은 성스러움을 강조하는 바탕이 되고 있다.

젯부기 삼형제는 중의 자손이기 때문에 과거에 급제했어도 낙방될 위기에 처한다. 이는 불교가 지배자들에게 탄압받는 조선시대의 현실을 반영한 것이다. 또한 무조신이 된 삼형제의 아버지가 스님이라는 사실은 무속신앙이 불교와 밀접한 관련을 가지고 있었다는 것을 말하고 있기도 하다.

노가단풍 자주명왕 아기씨의 성년식

노가단풍 자주명왕 아기씨는 부처님께 석 달 열흘 백일 동안 불공을 드려서 태어난 귀한 딸이다. 아버지는 아기씨에게 '저

산 줄기 뻗고 이 산 줄기 뻗어 왕대월산 금하늘 노가단풍 자주
명왕'이라고 이름을 지어주었다. 가을 단풍처럼 아름답게 빛난
다는 의미를 담고 있다.

자주명왕 아기씨는 부모가 옥황상제의 분부로 벼슬 살러 간
사이에 주접선생에 의해 임신을 하게 된다. 결국 자주명왕 아기
씨는 집에서 쫓겨나 거리로 나서야 했다. 스님의 아이를 임신한
노가단풍 자주명왕 아기씨가 쫓겨나 황금산 도단 땅의 남편을
찾아가는 과정은 고행의 과정이고, 그 고행의 과정은 아이가 진
정한 어른으로 거듭나는 성년식의 의미를 가지고 있다.

집에서 쫓겨난 아기씨가 마른 억새밭에 붙는 불을 보고, 그
불이 바로 자식을 내쫓는 어머니 가슴에 붙은 불이라는 말을
들었을 때 비로소 딸자식을 떠나보내는 어머니의 고통을 이해
한다. 딸이 어머니의 고통과 사랑을 진정으로 깨닫고 이해했을
때 자신 또한 어머니가 될 수 있었던 것이다.

아기씨가 가는 길과 길 사이에는 건너야 할 다리가 있었다.
칼선다리와 애선다리, 등진다리와 옳은다리가 그것이다. 이 다
리들은 아기씨가 깨닫게 되는 부모의 마음을 상징하고 있다.

칼날은 상처 받은 부모의 마음을 상징한다. 자식의 임신 사실
을 알고 죽이려 했던 마음은 바로 칼날이 선 듯이 상처 받은 부
모의 마음인 것이다. 자주명왕 아기씨는 칼선다리를 건너며 부

모님의 상처 받은 마음을 헤아리게 된다.

그리고 애선다리를 건너면서 자식을 집에서 밖으로 내치면서 마음을 칼로 도려내는 듯이 아프고 애가 달았던 부모의 마음도 이해하게 된다. 그리고 '등진다리'를 건너면서 자식이 부모님께 등을 돌려 떠나와야만 했던 기막힌 신세가 생각나 눈물을 흘린다. 하지만 '옳은다리'를 건너면서 부모님의 자식 사랑은 여전하다는 것 또한 깨닫기도 한다. 검은 암소를 내어주고 금부채를 쥐어주며 자식이 무사하기를 바라는 부모의 마음이 옳은 것임을 알려주었기 때문이다.

다리들을 모두 건너자 비로소 '건지오름'이 나타났다. '건지'는 '땋은 머리'를 의미하는 말이다. 머리를 땋아 올려서 어른이 된다는 의미를 담고 있는 곳인 '건지오름'은 아이에서 어른이 될 수 있도록 성인식을 올리는 장소이다. 자주명왕 아기씨가 자식에 대한 부모의 마음을 이해하면서 성인의 길에 이르게 된 것이다. 건지오름에서 머리를 올리고 비로소 진정한 어른이 된 노가단풍 자주명왕 아기씨는 남편인 주접선생이 사는 황금산 도단 땅에 도착하게 되었다.

대정고을의 산방산

제주도 무속의 무점법

아기씨가 황금산 도단 땅을 찾아가는 과정에서 등장하는 다리는 제주도 무속의 무점법에 해당한다. 심방이 굿을 할 때 신칼 한 짝을 던져 점을 치는데, 이를 신칼점이라 한다. 신칼을 던졌을 때 신칼이 바로 선 것은 '칼선다리', 신칼의 날이 안으로선 것을 '애선다리', 신칼의 날이 바깥쪽으로 돌아간 것을 '등진다리', 신칼의 날이 모두 왼쪽으로 돌아선 것을 '왼쪽자부다리'

라 한다.

심방이 이렇게 점을 치는 것은 무조신의 어머니 노가단풍 자주명왕 아기씨의 마음을 읽고, 그 마음을 인간들에게 전달하기 위해서이다. 그런데 노가단풍 자주명왕 아기씨의 마음은 곧 우리 인간들의 마음이기도 하다. 이렇게 인간의 생로병사 과정에서 벌어지는 삶의 고통들을 신칼의 날로 헤아리고, 공감을 일으키면서 굿을 통하여 상처 받은 사람들의 한을 풀어주는 것이다.

신칼점을 행하는 김윤수 심방

팔자를 그르쳐 심방이 되는 삼형제

불도 땅에서 구월 초여드레에 큰아들이 어머니의 오른쪽 겨드랑이를 모질게 뜯어 태어나고, 구월 열여드레에 둘째 아들이 왼쪽 겨드랑이를 모질게 뜯어 태어나고, 구월 스무여드레에 셋째 아들이 어머니의 가슴을 모질게 뜯어 솟아난다. 그래서 무조신 삼형제가 태어난 음력 구월을 '신구월(神九月)'이라 부르는 것이다. 심방들은 신구월이 되면 무조신의 탄생을 칭송하는 굿을 한다고 한다.

자주명왕 아기씨는 아들들의 이름을 '본명두', '신명두', '살아살축 삼명두'라 지었다. 본명두, 신명두, 삼명두는 모두 무구의 이름들이다. 본명두는 무점구로 '요령'에 해당한다. 신명두는 무점구 '신칼'을 말하며 삼명두는 무점구 '산판'을 말하는 것이다. 산판은 점을 치는 엽전과 상잔을 이르는 말이다. 그래서 신구월에 태어난 젯부기 삼형제를 무구(巫具)의 조상 삼명두(三明刀)라고 말한다.

젯부기 삼형제는 과거에 장원급제하지만 삼천선비들이 어머니를 하늘옥황 삼천천제석궁에 가두어버리자 어머니를 구하러 가기 위해 벼슬을 포기한다. 하지만 어떻게 해야 어머니를 구할 수 있는지 알 수 없었던 삼형제는 먼저 외할아버지 임정국

요령인 본명두

신칼인 신명두

삼명두 상잔

굿판의 돗자리

대감께 도움을 청했다. 그러자 임정국 대감은 배석(拜席)자리를
내주면서 황금산 도단 땅 아버지를 찾아가라고 얘기한다. 이때
부터 심방이 굿을 하러 가면 신(神)의 자리라 하여 돗자리를 깔
아주는 법이 생겼다 한다.

심방은 신자리 위에서 춤추고 절하며 굿을 진행해나간다. 그
래서 제주큰굿에서 굿 한마당을 굿 한 석(席)이라 말하는 것이다.

신의 뜻을 묻는 무점구 천문

젯부기 삼형제가 황금산 도단 땅에 있는 아버지 주접선생을 찾아가자, 아버지는 자신을 찾아올 때 무엇을 보았느냐고 질문을 한다. 삼형제가 '하늘(天), 땅(地), 문(門)'이라고 대답하자 천지문이 새겨진 '천문'을 만들어주는데, 천문은 굿을 할 때 신의 뜻을 묻는 무점구에 해당한다.

주접선생은 아들들에게 어머니를 찾으려면 팔자를 그르쳐야 한다고 말했다. 팔자를 그르친다는 것은 세속의 부귀영화를 포기하는 것이다. 삼형제가 팔자를 그르치겠다고 하자 주접선생은 또다시 묻기 시작했다.

큰아들에게 과거에 급제하니 무엇이 좋았냐고 묻자, 큰아들은 도임상이 좋았다고 대답한다. 그러자 주자선생은 큰아들에게 초감제상을 받아보라 한다. 초감제는 굿을 할 때 하늘의 신

초감제 장면

을 청하는 의례이다. 심방은 천지창조신화인 '천지왕본풀이'를 가창하면서 제주의 1만 8천 신들을 굿청으로 모신다.

둘째 아들에게도 과거에 급제하니 무엇이 좋았냐고 묻자, 둘째 아들은 날개 달린 관복에 가마 타고 하인을 거느려 행차하는 것이 좋았다고 대답한다. 그러자 주접선생은 관복을 입고 신을 맞이하는 초신맞이 굿을 해보라고 말한다. 초신맞이는 하늘에서 내려오는 신들의 행렬을 5리 밖까지 가서 모셔오는 영신의례(迎神儀禮)이다.

작은아들에게 무엇이 좋았느냐고 묻자 작은아들은 남수화주 적쾌자(藍水禾紬 赤快子, 군복 차림)에 갓을 쓴 차림이 좋았다고 대답한다. 주접선생은 작은아들에게 열두 시왕을 맞이하는 시왕맞이 굿을 맡으라고 얘기한다.

시왕[十王]은 저승으로 가는 길에 있는 열 개의 문을 지키는 왕이다. 이 열 개의 문에 들어가는 문과 나오는 문을 덧붙여 열두 개의 문이 있다고 한다. 시왕맞이는 시왕을 맞이하여 환자의 명(命)과 복을 이어주고, 죽은 이를 저승으로 보내는 굿이다.

제주의 큰굿은 '초감제', '초신맞이', '시왕맞이'를 기본틀로 하는데, 집안의 사정에 따라 다른 굿이 포함되어 전체적인 모양새를 갖춘다고 한다. 그리고 각 굿의 제차는 각기 다른 심방이 자기가 잘하는 굿 한자리를 맡아서 진행한다.

악기의 신 너사무너도령 삼형제

젯부기 삼형제가 아버지 주접선생으로부터 신궁의 문을 여는 굿을 전수받고, 천문·상잔과 같은 무구를 받았으나 그것만으로는 하늘의 문을 열어 어머니를 살려낼 수가 없었다. 무구를 들어 춤을 출 때, 악기를 울리면서 천지를 진동시켜서 천지를 감동시켜야 하늘의 문을 열 수 있기 때문이다.

굿에서 소무들이 연주하는 북

젯부기 삼형제가 서강베포 땅 어주애삼녹거리에 서 너사무너 도령 삼형제를 만나 의형제를 맺고 악기를 연주하게 한다. 삼천 천제석궁에서 젯부기 삼형제가 춤을 추기 시작하자 너사무너 도령 삼형제는 악기를 연주하며 천지를 울렸다. 이렇게 두이레 열나흘을 내리 울렸더니 하늘이 감동하여 삼천천제석궁에서 자주명왕 아기씨를 밖으로 내놓아준다.

이때 낸 법으로 두이레 열나흘 북을 울리는 제주큰굿이 열리 게 되었다. 춤을 추는 심방과 악기를 두드리는 소무의 관계는 의형제를 맺은 무조신 젯부기 삼형제와 너사무너도령의 관계라 할 수 있다. 춤이 소리를 따라잡고 소리가 춤을 따라잡으면서 하나가 되는 신들린 경지가 되어야 신명이 난다고 한다. 신명이 나야 사람을 감동시키고 하늘을 감동시키는 것이다.

최초의 심방 유씨부인과 제주큰굿

제주도 굿은 유씨부인의 굿법을 계승한 것이고 한다. 그런데 유정승 따님아기가 도를 닦고 무당서 3천 권을 읽은 3천 일은 저승세계의 10일에 해당한다. 심방이 저승에서 지낸 10일은 '시왕맞이 굿'을 하는 10일인 것이다.

제주의 큰굿은 종합적인 연희라고 할 수 있다. 춤과 노래, 사설 모두 문화재적 가치가 높은 것으로 평가받고 있다. 특히 사설은 풍부한 언어표현으로 예술적 가치가 높을 뿐만 아니라 중세어 연구를 위한 자료로서 그 가치가 매우 높다고 평가되어 2001년 8월 16일 제주도무형문화재 제13호로 지정되었다.

제주의 심방들은 신(神)의 일을 대신하기 위하여 팔자를 그르치고, 신에 의지하여 대를 이어 살아온 세습무이다. 이러한 제주의 심방들은 전통문화의 전수자로 인정을 받고 있고, 고(故) 안사인 심방과 김윤수 심방은 인간문화재로 지정되었다. 그리

제주칠머리당영등굿 전수관

고 김윤수 심방이 기능보유자로 되어 있는 '제주칠머리당영등굿'은 유네스코 인류무형문화유산으로 등재되었고, 우리나라에서도 중요무형문화재 제71호로 지정되어 그 가치를 인정받고 있다.

마우다 : 싫습니다

예시   마우다. 안 가젠마씸. → 싫습니다. 가지 않겠습니다.

기여 : 그래

예시   기여. 경 걱정 말라. → 그래. 그렇게 걱정하지 마라.

언치냑 : 어제

예시   언치냑 밤의 막 싸우는 소리 들립디다. → 어젯밤에 막 싸우는 소리 들렸어요.

게나제나 : 그러나 저러나

예시   게나제나 우리 헐 일만 허염시게. → 그러나 저러나 우리 할 일만 하고 있자.

오시록허다 : 구석지고도 으슥하다

예시   오시록헌 디 꿩독세기 난다. → 으슥한 곳에 꿩이 알을 낳는다.

하간 : 온갖

예시   하간 거 다 잊어부럼쩌게. → 온갖 거 다 잊어버린다.

뚜시 : 또

예시   다음에 뚜시 옵서양. → 다음에 다시 오세요.

ᄌᆞ꼿디 : 근처

예시   ᄌᆞ꼿디 슈퍼 이시난 막 좋은게. → 근처에 슈퍼가 있으니 아주 좋네.

멘도롱ᄒᆞ다 : 따뜻하다

예시   바닥이 멘도롱 똣똣ᄒᆞ다. → 바닥이 따뜻하다.

버치다 : (힘에)부치다

예시   날 더우난 버청 일 다 못 허키여. → 날이 더우니 힘에 부쳐서 일을 다 못하겠네.

3장

제주를 만든
창조의 여신 설문대

설문대할망신화는 가장 많이 사람들이 창작에 참여하고 향유하면서 탄생한 작품이다. 다만 전문가집단인 심방들에게 채택되지 못함으로써 장편 서사로 발전하지 못했고 조각조각 나뉘어 민간에서 전승된 것이다. 하지만 설문대할망은 제주를 만든 창조의 여신으로 그 누구보다도 신으로서의 위엄과 능력을 갖추었다고 할 수 있다.

설문대할망본풀이

옥황상제 천지왕의 셋째 딸 설문대는 몸집이 거구인 데다가 성격도 활달하여 잠시도 가만히 있지 못하고 여기저기 쏘다니기 좋아했다. 특히나 지상으로 내려가 놀다 오기 일쑤였는데, 천지왕이 함부로 지상에 내려가는 것을 금지했는데도 툭하면 하늘옥황에서 사라져버리곤 했다.

하루는 설문대가 지상으로 내려와 여기저기 둘러보다가 벼 이삭이 누렇게 잘 익은 넓은 논에 들어섰다. 설문대는 벼 이삭 한 줌을 뜯어 입에 넣고 잘근잘근 씹어보았다. 씹을수록 고소하니 맛이 있었다. 그래서 몇 줌 더 뜯어 먹었는데, 워낙 설문대가 거구이다 보니 논 전체 벼가 이삭이 뜯긴 채 다 쓰러져버렸다.

밭주인이 엉망이 된 논밭을 보고 까무러쳤다. 농부는 이제 일
년 농사 망했다고 엉엉 울면서 하늘을 원망했다. 급기야 농부의
원망소리가 옥황상제 천지왕의 귀에까지 들어갔다.

천지왕은 노발대발 화가 나서 당장 설문대를 불러올렸다. 설
문대가 꿇어앉아 옥황상제 천지왕이 앉아 있는 용상을 올려다
보며 다시는 지상으로 내려가지 않겠다고 용서를 빌었다. 그러
나 천지왕은 머리를 조아리고 엎드린 설문대에게 말했다.

"너는 더 이상 하늘옥황에서 살지 못한다. 그러니 네가 좋아
하는 지상으로 내려가거라."

이렇게 해서 제주섬으로 귀향 온 설문대를 사람들은 '설문대
할망'이라고 부르며 섬기게 되었다.

제주섬으로 내려온 설문대는 섬을 한 바퀴 둘러보고는 너무
밋밋해서 재미없다고 푸념했다. 제대로 된 산 하나 없으니 산짐
승도 보이지 않고, 들판은 텅 비어 있는 게 바람만 가득한 것이
다. 설문대는 제주 사람들을 위해 산을 하나 만들어줘야겠다고
생각했다.

거구인 설문대할망은 치맛자락에 흙을 담아다가 제주섬 한
가운데에 산을 만들기 시작했다. 그렇게 몇 번 흙을 날라서 만

들어진 산이 바로 한라산이다.

그런데 많은 흙을 담아 나르다 보니 치맛자락 여기저기에 구멍이 났다. 한 번 오갈 때마다 터진 치맛자락 사이사이로 흙이 떨어져 작은 산처럼 쌓였는데, 한라산이 다 만들어질 즈음엔 올망졸망한 산들이 수백 개나 되었다. 제주 사람들은 이 작은 산들을 오름°이라고 불렀다.

일을 마친 설문대할망은 제주섬을 흐뭇하게 내려다보며 이만하면 되었다고 고개를 끄덕였다.

설문대할망은 열심히 일을 하느라 조금 피곤하기도 해서 한라산을 베개 삼고, 고군산에 엉덩이를 걸치고 서귀포 앞 범섬에 다리를 걸쳐 잠을 잤다. 그러자 한라산 꼭대기가 움푹 들어가면서 백록담이 되었고, 엉덩이를 걸쳤던 고군산 꼭대기도 패어 커다란 웅덩이가 만들어졌다.

급히 쫓겨 나오느라 옷을 제대로 챙겨오지 못한 설문대할망은 여벌옷이 없어 매일 길쌈을 하곤 했는데 길쌈을 할 때는 성산포 일출봉에 있는 기암괴석에 등잔불을 올려놓고 바느질을 했다. 처음에 바위에 등잔을 올려놓았는데 너무 낮아서 다시 바위 하나 더 올려 높였다. 그래서 이 바위를 등경돌(燈檠石)이라 한다.

설문대할망이 오줌을 눌 때는 먼 바다로 나가서 볼 일을 보았다. 그런데 하루는 길쌈을 하다 갑자기 오줌이 마려웠다. 먼 바다로 나가기에는 너무 급했던 설문대는 한 다리는 성산일출봉 쪽에 걸치고 다른 다리는 오조리 식상봉에 디디고 앉았는데 잘락** 오줌이 나와버렸다. 잘락 나온 오줌 줄기가 어찌나 셌던지 오줌이 장강수(長江水)처럼 흘러나갔고 제주섬 한 귀퉁이가 동강이 나서 떨어져나가 버렸다. 이렇게 떨어져나가 만들어진 섬이 바로 소섬(우도)이다.

그때 흘러나간 오줌이 지금의 성산일출봉과 소섬 사이의 바닷물이 되었는데, 오줌 줄기가 하도 세찼기 때문에 깊이 패어서 고래가 다니는 깊은 바다가 되었다. 그리고 조류가 세다 보니 지나다니는 배가 여차하면 파선하기 일쑤였다. 한 번 조류에 휩쓸리면 배의 형체를 찾을 수 없고 사람들의 시신도 건질 수 없는 지경이었다.

"할마님, 오줌 쌀 땐 저기 먼 바당˙˙으로 나강 싸 줍서."

이렇게 제주 사람들은 제발 섬 근처에서 오줌을 누지 말라고 할마님께 빌고 또 빌었다.

제주 사람들에게는 소망이 하나 있었다. 사방이 바다로 둘러싸인 곳에 사는 제주 사람들은 자신들을 섬에 갇힌 신세라고 한탄하곤 했는데, 제주와 육지를 연결하는 다리를 하나 놓아서 자유롭게 왕래할 수 있었으면 더 바랄 것이 없다고 생각했다. 그래서 설문대할망에게 다리를 놓아달라고 간곡히 부탁하기로 했다.

˙**오름** 화산쇄설물로 이루어진 언덕, 소형화산
˙˙**잘락** 오줌 따위가 갑자기 나오는 모양
˙˙˙**바당** 바다

사람들은 정성스레 제물을 장만해서 설문대할망에게 올리면서 소원을 빌었다.

"할머님, 육지와 섬을 잇는 다리 하나만 만들어줍서. 경허민 더욱 정성으로 할머님을 모시주 마씸."

설문대할망은 사람들이 장만해온 음식을 먹으면서 말했다.

"내가 하늘에서 급히 오느라 옷을 제대로 챙겨오지 못허엿저. 그러니 내가 입을 속옷 한 벌만 지어주면 육지로 잇는 다리 하나 놓아주마."

"경험서, 바로 옷감을 마련허쿠다."

제주 사람들은 온 힘을 다해 명주를 모으기 시작했다. 설문대할망의 속옷을 만드는 데는 명주 백 동이 필요했다. 그런데 제주 사람들이 온 섬을 샅샅이 뒤지며 명주를 모았는데도 아흔아홉 동밖에 되지 않았다. 결국 제주 사람들은 할망의 속옷을 만들지 못하고 말았다.

설문대할망은 속옷을 기다리며 다리를 놓기 시작했다. 그러다가 옷감이 모자라 속옷을 만들지 못하고 있다는 말을 듣고는 바로 중단해버렸다.

설문대할망이 다리를 놓던 자취가 조천 앞바다에 남아 있는데, 바다로 흘러 뻗어간 여*가 바로 그것이다. 사람들은 이곳을 영장매코지라고 부른다.

하루는 설문대할망이 바닷가로 내려가 고기를 잡고 있었다. 바다 속을 들여다보고 있노라니 커다란 그림자 하나가 다가왔다. 고개를 들어 보니 처음 보는 거인 하나가 서서 자신을 바라보고 있었다. 그 거인은 설문대하르방이라는 어부였다.

설문대하르방은 어른이 되기 전부터 키가 어마어마하게 커서 사람들이 설문대하르방이라고 이름을 붙여주었다. 그런데 설문대하르방의 키가 너무 크다 보니, 나이 들도록 부인을 얻을 수가 없었다. 설문대하르방의 키가 한라산만 했던 것이다.

사람들은 덕대[**]가 한라산만 한 설문대하르방에게 짝이 될 수 있는 사람은 설문대할망뿐이니까 찾아가보라고 추그렸다[**].

그래서 못이기는 척 와봤는데, 직접 보니 여간 마음에 드는 게 아니었다. 절로 허우덩싹[**] 입이 벌어졌다. 설문대하르방은 설문대할망께 공손하게 자신과 혼인해줄 것을 간청했다. 결국 서로 마음이 맞은 둘은 부부의 연을 맺게 되었다.

---

[*] **여** 바닷물에 솟아나온 바위줄기
[**] **덕대** 사람 몸의 부피, 덩치
[**] **추그리다** 남을 꼬드기어서 무엇을 하도록 하다. 부추기다
[**] **허우덩싹** 몹시 기뻐서 어쩔 줄 몰라 입을 크게 벌리고 소리 없이 웃는 모양

일 년이 지나면서 설문대할망이 아들을 낳기 시작하더니 연이어 오백 형제를 낳았다. 삽시간에 대식구가 된 것이다. 오백 아들들도 부모를 닮아 모두 기골이 장대하였다.

흉년이 든 어느 해였다. 식구도 많은 데다가 모두들 대식가들이라 끼니를 이어가기가 어려웠다. 그래서 설문대할망은 아들들을 불러 모았다.

"이제부터는 모두 나가서 양식을 구해와사키여. 아버지는 매일 바다에서 고기를 잡아오고 이시난 우리도 밖으로 나가 뭐라도 구해오자. 나는 여기저기 다니면서 풀뿌리라도 캐올 거난 너희들은 한라산에 들어가서 사냥을 해오라."

설문대할망이 아들들을 데리고 한라산 쪽으로 가자 홀로 남은 하르방은 마지막 남은 양식을 다 털어 죽을 쑤기 시작했다. 큰 가마솥에다 불을 때고 빙빙 돌아가며 죽을 저었다. 땀을 뻘뻘 흘리면서 죽을 젓는데 흉년에 잘 못 먹은 터라 기운이 빠지기 시작했다.

그때였다. 곶자왈*에서 먹이를 찾던 돼지들이 무엇에 놀랐는지 갑자기 튀어나와 하르방의 다리 사이로 뛰어들었다. 그러자 하르방이 놀라 자빠지면서 그만 솥 속으로 풍덩 빠져버렸다. 장작불에 팔팔 끓던 죽 속으로 빠진 설문대하르방은 죽과 함께 녹아들면서 형체도 찾을 수 없게 사라져버렸다.

나중에 이 모든 사단이 마구 뛰어다니는 돼지 때문이라는 것을 안 사람들은 돼지들을 돗통시**에 가두어 기르게 되었다고 한다.

사냥에서 돌아온 아들들은 무척 배가 고팠다. 오백 아들은 시장하던 차에 잘 끓여진 죽을 보자 달려들어 허겁지겁 먹기 시작했다. 여느 때보다도 죽 맛이 좋았다.

막내아들이 마지막으로 죽을 먹으려고 솥을 젓다가 커다란 뼈다귀를 발견했다. 이상하다 생각하면서 자세히 들여다보니 사람의 뼈다귀임이 틀림없었다. 막내아들은 아버지가 빠져 죽은 것이 틀림없다고 생각했다.

막내아들은 슬퍼하면서 마구 달려갔다. 한참 달리다 고개를 들어보니 어느새 고산리 차귀섬에 와 있었다. 막내아들은 그곳

---

* **곶자왈** '곶'은 숲을 나타내고 '자왈'은 가시덤불을 말한다. 곶자왈은 화산이 분출할 때 점성이 높은 용암이 크고 작은 바위 덩어리로 쪼개져 요철(凹凸)지형이 만들어지면서 나무, 덩굴식물 등이 뒤섞여 숲을 이룬 곳을 이르는 제주 고유어이다. 지하수 함량이 풍부하고 보온, 보습 효과가 뛰어나 북방한계 식물과 남방한계 식물이 공존하는 세계 유일의 독특한 숲이다.

** **돗통시** 돼지우리. '돗'은 돼지를 나타내는 제주어이고, '통시'는 돼지들을 가두어놓고 기르는 우리를 말한다.

에 앉아 한없이 울다가 그만 바위가 되고 말았다. 사람들은 그 바위를 장군바위라고 부른다.

다른 아들들도 자신들이 아버지의 육신을 먹었다는 것을 깨달았다. 아들들은 아버지의 뼈를 부여잡고 슬피 울다가 그대로 굳어져 한라산 영실의 기암괴석이 되고 말았다.

사람들은 이 기암괴석을 오백장군이라 부르지만 영실에는 사백 아흔아홉 개의 장군바위가 있고 나머지 하나는 차귀섬에 떨어져나와 있는 셈이다. 그리고 이들이 바위가 되어 흘린 피눈물들은 땅속 깊이 스며들었다가 봄이 되면 철쭉꽃으로 피어나 온 산을 붉게 물들였다.

차귀섬에 있는 바위는 대정읍 바굼지오름*에서 환히 보인다. 어느 해 한 지관(地官)이 바굼지오름에서 묏자리를 보게 되었다. 지관은 자리 하나를 고르고는 산자리는 좋긴 한데 차귀섬의 바위가 보이는 게 흠이라고 했다. 부모의 묏자리를 부탁했던 사람은 그것쯤 없애는 것은 어렵지 않다고 말하며 차귀섬으로 건너가 도끼로 그 바위를 찍어버렸다. 그래서 차귀섬의 장군바위에는 도끼 자국이 남아 있게 되었다.

지아비와 아들들을 모두 잃은 설문대할망의 슬픔은 이루 말할 수가 없었다. 설문대할망은 아무 일도 하지 않고 하염없이 울면서 제주도 곳곳을 헤매고 다니다 철쭉꽃이 피는 봄이 되면 한라산 기슭에 앉아 기암괴석 오백장군을 쳐다보곤 하였다.

하루는 설문대할망이 깊기로 소문난 용연 근처를 지나는데, 아이들이 기슭에서 물놀이 하면서 놀고 있었다. 아이들이 천진스럽게 노는 모습을 보니 또다시 죽은 자식들 생각이 났다. 설문대할망은 펄썩 주저앉아 아이들이 노는 모습을 물끄러미 쳐다보았다.

거대한 몸집의 설문대할망이 옆에 앉자 마치 커다란 산 하나를 옮겨놓은 듯 그림자가 졌다. 아이들은 놀기를 멈추고 까마득히 높이 있는 설문대할망의 얼굴을 올려다보았다.

"너희들은 왜 거기서만 놀고 있느냐? 요 가운데로 와서 헤엄치지 않고."

한 아이가 소리쳤다.

"할머니, 저 가운데는 엄청 지퍼 마씸**. 옛날에 사람이 빠져 죽었댄 햄신디. 얼마나 깊은 지 한 번 들어가봅서."

---

*바굼지오름 바굼지는 '박쥐'의 제주어이다. 산 모양이 박쥐와 닮았다고 하여 붙여진 이름으로 단산이라고 많이 부른다.

**지퍼 마씸 깊어요

그 소리를 듣고 설문대할망도 얼마나 깊은지 궁금해졌다. 그래서 용연으로 성큼 들어가보았다. 그런데 물은 겨우 할망의 발등에 닿을 뿐이었다.

"와"

아이들이 환호성을 올렸다.

"더 깊은 데는 없느냐?"

제법 총각태가 나는 머슴애가 말했다.

"어른들이 서귀포에 있는 홍릿물이 아주 지프댄 해수다. 경헌디 젤로 지픈 데는 한라산 물장오리랜 마씸."

설문대할망은 피식 웃고는 껑충 한 발 건너 더 깊다고 하는 서귀포 서홍리 홍릿물에 들어가보았다. 그곳에서는 겨우 무릎까지 물이 올라왔다.

설문대할망은 내친 김에 제일 깊다는 한라산의 물장오리로 들어갔다. 그런데 물장오리는 밑이 터진 연못이라 설문대할망이 들어가는 순간 그대로 빠져 깊숙이 내려가버렸다. 그렇게 설문대할망은 영영 자취를 감추고 말았다.

제주 사람들은 설문대할망이 들어가 자취를 감춘 물장오리 오름을 신성시하고 있다. 물장오리 밑은 땅속 깊숙이 들어가 한라산 북쪽 기슭 모흥혈로 연결되어 있다 한다. 모흥혈은 탐라국을 다스릴 세 신인이 솟아나온 구멍이기도 하다.

신화, 펼치기

설문대할망 이야기는 엄연한 신화이다

'1만 8천 신들의 고향 제주'라고 하는 것처럼 제주에는 신화들이 풍부하게 전승되고 있다. 그런데 전승되는 신화들은 대부분 무속신앙, 즉 제주큰굿에서 불리는 본풀이들이다. 굿을 하는 심방이 신의 본(本)을 풀어서 신을 기쁘게 하는데, 신의 본(本)을 풀어낸 이야기가 바로 신화인 것이다.

신의 이야기인 본풀이는 문자로 기록되어 전해지는 것이 아니었다. 집안 대대로 무업을 물려받거나 양부모로 삼은 스승으로부터 무업을 내려 받은 심방이 전해 듣고 익힌 이야기들이다. 심방이 굿 의례를 행하면서 신의 본을 풀 때 조금은 빼먹기도 하지만 그때그때 상황에 따라 새롭게 덧붙일 수도 있었다. 열린 이야기 구조인 셈이다. 그래서 다음 세대 다음 세대로 넘어가면서 내용이 더욱 풍부해질 수 있었다. 제주큰굿에서 전승되는 신화 열두본풀이는 이렇게 풍부한 내용과 함께 서사구조도 뚜렷한 것이 특징이다.

그런데 설문대할망본풀이는 큰굿에서 가창되는 것이 아니라 민간에서 조각조각 이야기들이 나뉜 채 간신히 전해지다 보니 내용이 단편적이고 서사구조랄 것도 없는 상태이다. 그래서 신화와 전설을 정리하여 출간한 현용준은 설문대할망 이야기를 전설집에 분류해놓았을 정도이다.

현용준의 『제주도 전설』에 소개된 설문대할망 이야기를 보면, 주로 1970년대에 채록된 것으로 여덟 분에게서 들은 짤막짤막한 것들이었다. 책에 소개된 내용들은, 설문대가 얼마나 거구인가, 설문대가 어떻게 한라산과 오름을 만들었나, 혹은 어떻게 해서 죽게 되었는가 하는 것들이 전부이며 단편적인 이야기들은 서사구조를 이루지 못하고 앞뒤 맥락 없이 나열되어 있다.

하지만 설문대할망 이야기는 엄연한 신화이다. 신의 본을 풀어내는 이야기이며 신의 위대함을 찬양하는 이야기이다. 설문대할망은 제주섬을 만든 창조의 여신인 것이다.

종달리에서 바라본 왼쪽 우도와 오른쪽 성산일출봉

　제주에 전해지는 많은 신화들 중에서 어려서부터 듣고 기억하던 신화는 삼성신화와 함께 설문대할망 이야기였다. 설문대에 대한 이야기는 어느 책에서 읽어서 알게 된 것이 아니라 주변 어른들을 통해서 알게 된 이야기에 해당한다. 다른 신화들은 성인이 된 후에 신화 관련 책을 통해서 접했고, 그 이후에야 비로소 그 존재를 알게 되었던 것과 다른 점이다.

　그래서 설문대할망신화는 가장 많은 사람들이 창작에 참여하고 향유하면서 탄생한 작품이 아닌가 생각해본다. 다만 전문

가집단인 굿을 하는 심방들에게 채택되지 못함으로써 점차 잊혀갔고 조각조각 나뉘어 민간에서 전승된 것이다. 하지만 설문대할망은 제주를 창조한 여신으로 그 누구보다도 신으로서의 위엄과 능력을 갖고 있다.

최근에는 설문대할망 이야기를 창조신화로 재조명하고 창작굿이나 연극, 노래, 그림 등의 작품들로 만들어 일반에게 소개하는 활동들이 활발하게 이루어지고 있다. 제주돌문화공원에는 설문대할망신화를 모티브로 꾸며놓은 공간이 특별히 조성되어 있다.

원래 설문대할망의 죽음에 대하여 두 가지가 전해진다. 할망이 자식들을 위해 죽을 쑤다가 죽솥에 빠져 죽었다는 것과 물장오리가 얼마나 깊은가 시험하다가 그곳에 빠져 사라졌다는 이야기가 각각 전해지고 있다. 돌문화공원은 설문대할망이 죽솥에 빠져 죽었다는 이야기를 바탕으로 설문대할망의 모성을 상징하는 죽솥 모양의 연못 등을 조성하고 있다. 그리고 오백장군을 상징하는 바위들을 주변에 세워놓아 웅장한 광경을 연출한다.

돌문화공원은 매년 5월에 설문대할망 페스티벌을 열고 있다. 세미나와 전시회 등 다양한 행사를 마련하고 있으며, 설문대할망신화를 바탕으로 스토리텔링 작업을 하면서 설문대할망 축

한라산 영실에 있는 오백장군.기암괴석

돌문화공원에 조성된 오백장군상

제의 세계화 방안을 모색하고 있다.

앞에 제시한 신화는 짤막짤막하게 전해지는 설문대할망 이야기들을 엮어서 하나의 서사구조로 만들어본 것이다. 설문대할망이 물장오리에 빠져 죽었다는 것으로 이야기를 끝맺으면서 대신 설문대하르방을 등장시켜 죽솥에 빠져죽는 것으로 하였다. 민속학자 문무병은 설문대하르방이 설문대할망신화 쇠퇴기에 만들어진 변형된 이야기 속 인물이라고 얘기하고 있다.

거구의 여신 설문대할망

제주도는 어디에서든 섬 가운데 자리하고 있는 한라산이 눈에 들어온다. 그리고 360개의 오름들이 섬 전체에 퍼져 있어 멀리서 혹은 가까이서 오름을 볼 수 있다. 그리하여 사람들은 어마어마하게 큰 키를 가진 신이 있어 저 거대한 한라산과 오름들을 만들어냈다고 상상했을 것이다. 그 신이 바로 설문대할망이다.

거구인 설문대할망은 치맛자락에 흙을 담아다가 제주섬 한가운데에 산을 만들기 시작했다. 그렇게 몇 번 흙을 날라서 만들어진 산이 바로 한라산이다.

그런데 많은 흙을 담아 나르다 보니 치맛자락 여기저기에 구멍이 났다. 한 번 오갈 때마다 터진 치맛자락 사이사이로 흙이 떨어져 작은 산처럼 쌓였는데, 한라산이 다 만들어질 즈음엔 올망졸망한 산들이 수백 개나 되었다. 제주 사람들은 이 작은 산들을 오름이라고 불렀다.

신화는 설문대가 얼마나 어마어마하게 키가 큰 신인지를 제주의 지리를 이용하여 재미있게 그려내고 있다. 설문대할망이 열심히 일을 하느라 조금 피곤하기도 해서 한라산을 베개 삼아 누워서는 고군산에 엉덩이를 걸치고 서귀포 앞 범섬에 다리를 걸쳐 잠을 잤는데, 그만 한라산 꼭대기가 움푹 들어가면서 백록담이 되었고, 엉덩이를 걸쳤던 고군산 꼭대기도 패어 커다란 웅덩이가 만들어졌다는 것이다.

그리고 설문대가 오줌을 싸면서 한 다리는 성산일출봉 쪽에 걸치고 다른 다리는 오조리 식상봉에 디디고 앉았는데 오줌 줄기가 어찌나 셌던지 오줌이 장강수(長江水)처럼 흘러 나갔고 제주섬 한 귀퉁이가 동강이 나서 떨어져나가 소섬(우도)이 되었다는 이야기도 여신이 거구임을 강조하는 이야기이다.

이렇게 설문대가 얼마나 큰 키를 가지고 있는가를 강조하는 것은 제주섬을 창조한 신 설문대의 위대함을 나타내기 위함이라 여겨진다.

제주 사람들의 소망을 담고 있는 신화

설문대할망은 속옷 한 벌만 지어주면 육지로 잇는 다리 하나 놓아주겠다고 했다. 그래서 제주 사람들은 온 힘을 다해 명주를 모으기 시작했는데, 설문대할망의 속옷을 만드는 데는 명주 100동이 필요했다. 그런데 제주 사람들이 온 섬을 샅샅이 뒤지며 명주를 모았는데도 99동밖에 되지 않았다. 결국 속옷을 만들지 못하고 말았다.

설문대할망은 속옷을 기다리며 다리를 놓기 시작했다. 하지만 옷감이 모자라 속옷을 만들지 못하고 있다는 말을 듣고는 바로 중단해버렸다. 그리하여 육지로 잇는 다리는 만들어지지 못했고 다리 만들던 흔적만 남아 있게 되었다는 것이다. 다리가 만들어지지 못한데 대한 안타까움이 잘 느껴지는 대목이다. 이 안타까움은 섬에 갇혀 살았던 제주 사람들이 아픔이기도 했다.

제주도는 화산재로 이루어진 척박한 땅이 대부분이어서 농작물이 제대로 자라기 어려운데, 태풍의 길목에 위치하고 있어

툭하면 일 년 농사를 망치기 일쑤였다. 먹고 살기도 어려운데 중앙정부에서는 진상물을 해마다 올리라고 요구하며 백성을 괴롭혔다. 그리하여 굶주림에 지친 제주 사람들이 육지로 도망치는 일이 자꾸 생기자 조선시대에는 출륙금지령을 내리기에 이르렀다. 이 출륙금지령은 무려 200여 년간 유지되었는데, 제주 사람들은 특산품을 임금께 진상하기 위해서 나가는 경우가 아니면 아무도 섬을 벗어나지 못했다.

사방이 바다로 둘러져 있는 섬은 그 자체로 이동을 제한한다. 그래서 제주 해녀들이 바다로 뛰어들면서 "물로야 뱅뱅 돌아진 섬에 먹으나 굶으나 물질을 허영"이라고 노래를 불렀다. 여기에 더해 출륙금지령까지 내려 아무도 섬을 벗어나지 못하게 했으니 그야말로 평생 감옥에 갇혀 지내는 셈이었다.

그래서 제주 사람들이 섬에서 벗어나고픈 소망, 육지와 연결되어 자유롭게 왕래하며 필요한 식량이며 물품들을 구하고 싶은 욕구가 이러한 다리 만들기 이야기를 만들어낸 것이라 생각한다. 그리고 명주 100동을 다 채우지 못해 다리 만들기가 중단된다는 이야기는 누구도 섬을 벗어날 수 없었던 계속되는 현실의 좌절을 반영한 것이다.

명주 100동을 채우지 못하는 이야기는 결핍의 상황을 드러내는 것이기도 하다. 교역을 통해서 부족한 것들을 구해야 하는데 육지와의 교류가 차단된 섬에서는 늘 결핍의 고통을 겪을 수밖에 없다. 결코 100동을 채우지 못하는 상황, 늘 물자가 부족할 수밖에 없는 현실상황을 드러내는 이야기인 것이다.

200여 년 동안 출륙금지령으로 교류를 차단했던 상황은 제주의 독특한 전통문화가 잘 보존되는 결과를 낳기도 했다. 민간신앙인 무속과 무속을 통해서 가창되는 신화, 그리고 제주어가 대표적이다. 그래서 제주칠머리당영등굿은 유네스코 세계무형문화유산 대표 목록으로 지정되기도 하였다. 그리고 굿의 사설은 풍부한 언어표현으로 예술적 가치가 높을 뿐만 아니라 중세어 연구를 위한 자료로서 그 가치가 매우 높다고 평가되어 2001년 8월 16일 제주도무형문화재 제13호로 지정되었다.

격세지감이라고 할까. 요즘의 제주도는 누구나 아는 것처럼 너무 많은 관광객들이 몰려들고 난개발이 벌어지는 등 몸살을 앓고 있다. 그리하여 이 좁은 섬에 또 하나의 공항을 만들겠다고 하는 일까지 벌어진다. 제주에 땅 투기하는 사람들이 늘어나니 땅값이 전국에서 가장 많이 오르는 일까지 벌어져서 원주민이 쫓겨나는 것까지 걱정해야 하는 상황이 된 것이다.

이러한 난개발은 신앙의 성소로 지켜온 신당들을 파괴하는 등 마을의 풍경을 바꿔놓고 있다. 관광산업 중심의 정책과 개발로 인해 전통문화가 빠르게 사라지고 있는 것이다. 우리가 제주의 신화를 보존하고 널리 알려서 우리 모두의 문화자산이 될 수 있도록 노력해야 하는 이유가 여기에 있다.

제주도는 언제 어떻게 형성되었을까

실제 제주도는 화산 활동에 의해 형성된 섬이다. 약 180만 년 전 부터 수천 년 전까지 이어졌던 화산 활동이 지금의 제주도를 만들었다. 제주도가 만들어지기 전 이곳은 얕은 바다였다고 한다.

화산 활동으로 바다 밑에서 올라온 뜨거운 마그마가 차가운 바닷물과 만나면서 강력한 폭발을 하였다. 이때 수성화산이 만들어졌는데, 오랜 시간 수성화산이 깎이고 쌓이기를 반복하면서 바다 위에 넓은 대지가 만들어지게 되었다.

수성화산으로 형성된 대지에서 또 다시 화산 활동이 이어지면서 새로운 화산들이 만들어졌다. 이때 마그마가 폭발하면서 붉은 돌 '화산 송이'를 만들고, 이 화산 송이가 쌓이면서 '분석구'라고 부르는 둥그런 모양의 화산들이 형성되었다. 이 분석구가 바로 제주도 곳곳에 자리하고 있는 오름들이다. 오름에 오르

다랑쉬오름에서 바라본 풍경. 바로 앞 움푹 패인 아끈다랑쉬오름과 멀리 성산일출봉

다 보면 붉은 돌들이 널려 있는 게 보이는데 바로 화산 활동으로 만들어진 송이이다.

　제주에는 360여 개의 소형화산인 오름들이 있다. 그래서 제주섬 어느 곳에서든 오름을 볼 수 있다. 제주도 곳곳에 자리한 오름들은 독특한 풍광을 자아내고 있는데, 정상에 올라 내려다보면 장쾌한 풍경이 펼쳐지기도 한다. 오름을 찾고 있는 사람들이 해마다 늘고 있는 이유이다.

화산 활동으로 형성된 산방산과 용머리오름

　화산 활동으로 용암들이 흘러가면서 많은 용암동굴들도 만들었다. 이 용암동굴이 모두 120여 개나 된다. 특히 거문오름에서 분출된 용암이 바다로 흘러가면서 10여 개의 용암동굴을 만들었는데, 풍광이 아름답고 학술적 가치도 뛰어나 유네스코 세계자연유산으로 등재되었다.

　한라산은 20만 년 전부터 수천 년 전까지의 화산 활동으로 형성되었다. 처음에는 산방산과 같은 끈적끈적한 조면암질 용암이 폭발하면서 높이 솟아올라 백록담을 만들었고, 이후 동쪽

본섬과 길게 연결된 성산일출봉

에서 현무암질 용암이 폭발하면서 완만한 능선을 만들었다. 한라산은 오백장군이라 부르는 영실의 기암괴석과 40여 개의 오름들을 품고 있다.

5천 년 전 쯤 제주도 동쪽 바닷가에 다시 화산 활동이 일어나면서 성산일출봉이 만들어졌다. 성산일출봉도 뜨거운 마그마가 차가운 바닷물을 만나면서 폭발을 일으켜 형성된 수성화산체이다. 제주도와 조금 떨어진 곳에 형성되었지만 바람과 파도에 깎이고 흙이 쌓이면서 제주도 본섬과 연결되었다.

가장 가까운 시기인 고려시대에도 화산 폭발이 있었는데 이때 형성된 섬이 비양도이다. 섬 가운데 있는 비양봉은 분석구에 해당하는 오름이다. 비양도는 섬 전체가 하나의 화산 박물관이라고 할 수 있다. 섬을 한 바퀴 돌다 보면 곳곳에 화산탄들이 널려 있기 때문이다. 특히 서쪽 해안을 걷다 보면 10여 톤에 달한다는 화산탄들이 바다에 잠겨 있는 모습을 볼 수 있기도 하다.

바당 : 바다

예시 할망 바당 애기 바당이 잇저.

→ 할머니가 물질하는 바다와 어린 해녀가 물질하는 바다가 있다.

절 : 파도

예시 절 높은 거 보난 태풍 오커라. → 파도가 높은 거 보니 태풍이 오겠네.

잠녀, 좀수 : 해녀

예시 세화리 좀수덜 왜정 때 비창 들고 순사들한티 막 대들엇주.

→ 세화리 해녀들이 일제 강점기에 비창(호미) 들고 순사들한테 세게 대들었지.

메역 : 미역

예시 구살 잡앙 메역 놓앙 국 끓엿져. → 성게 잡아서 미역 놓아서 국 끓였어.

구젱기 : 소라

예시 구젱기 잡앙 구웡 먹으라. → 소라를 잡아서 구워 먹어라.

멜 : 멸치

예시 멜 후리는 소리 → 멸치떼를 후려 낼 때에 부르는 소리

물꾸럭 : 문어

예시 옛날엔 탑동 바당에서 물꾸럭 하영 잡아신디.

→ 옛날에는 탑동 바다에서 문어를 많이 잡았었는데.

미 : 해삼

예시 파도 세젠 허민 미 오고라진다. → 파도 세려면 해삼이 오그라든다.

나는물 : 용천수. 바닷가에 솟아나는 민물

예시 삼양해수욕장에 나는물이 막 써능헌다.

→ 삼양해수욕장에 있는 용천수가 아주 차갑단다.

모살 : 모래

예시 모살로 모살뜸 허민 좋댄 허여라. → 모래로 모래뜸하면 좋다고 해라.

4장

아기를 점지해주는 삼승할망

삼승할망은 산육신으로 일천 장 벼루에 삼천 장의 먹을 갈아 받아 앉아 서는 한쪽 손에는 번성꽃 다른 손엔 환생꽃을 쥐고 천리 만리를 보며 하 루 만 명씩 잉태를 주고 하루 만 명씩 해산을 시킨다고 한다.

삼승할망본풀이

동해용왕이 서해용왕 따님과 천정배필을 맺었으나 마흔이 다 되도록 자식 하나 보지 못했다. 하루는 점을 치니 명산대찰 부처님께 불공을 드리면 자식을 얻을 수 있다고 했다.

동해용왕은 한라산 기슭에 자리한 관음사에 가서 공양을 올리고 석 달 열흘 백일 동안 기도를 했다. 그러자 얼마 안 있어 부인에게 태기가 있었다.

신구월 초아흐렛날 월궁 선녀같이 어여쁜 딸아기가 태어났다. 아들자식을 바라다가 딸아기가 태어나니 조금 섭섭했지만 귀한 자식이라 바람 불면 꺼질까 손에 쥐면 터질까 극진히 아껴 길렀다.

그렇게 오냐오냐 길렀더니 갈수록 버릇이 나빠 한두 살에 아버지 수염을 잡아 뜯고, 서너 살에 어머니 가슴을 허위뜯고, 대여섯 살에 널어놓은 곡식을 밟아 흩뜨리고, 일고여덟 살에 이웃에 불화를 일으키니 갈수록 태산이었다.

딸아이 열다섯 십오 세가 되었는데 행실이 갈수록 나빠져서 동해용왕은 더 이상 참을 수 없게 되었다.

"갈수록 행실이 버런허니˙ 이대로 놔 두민 안 되키여!"

동해용왕이 딸아이가 저지른 죄목을 낱낱이 내어놓고 죽이려고 하니 부인이 달려들어 사정하였다.

"내 속으로 낳은 자식을 어떵 내 손으로 죽일 수 이시쿠과? 경허지 말고 동해용궁 대장장이 쇠철이를 불러다가 무쇠석함 만들엉 그 속에 담아놓고 동해 바당으로 띄와불민 어떵허우꽈?"

"맞는 말이오. 어찌 내 손으로 자식을 죽이리. 어서 걸랑 그리 허자."

부인은 딸아기를 인간세상으로 보내어서 살게 하려는 속셈이었다.

대장장이 쇠철이가 무쇠로 커다란 함을 만드는데, 소식을 들은 동해용왕 따님아기가 눈물이 그랑그랑˙˙해서는 부모님께 매달리며 사정했다.

"어머님 살려줍서. 아버님 살려줍서."

부인이 딸아이를 달래었다.

"아가야, 인간세상에 나강 살민 되난 울지 말라."

"어머님아, 나가 인간세상에 가서 뭐 허멍 살랜 말이우꽈?"

"인간세상에는 아기를 점지하고 낳게 해주는 생불왕이 없댄 허난 생불왕 삼승할망으로 들어상 사람들에게 대접받으멍 살라."

"아이고, 어머니. 어떵 아기를 점지하고 어떵 아기를 낳게 헙니까? 안 해본 일이우다."

"아방 몸에 흰 피 받으멍 석 달, 어멍 몸에 검은 피 받으멍 석 달, 어머니 뱃속에서 아홉 달 열 달 채웡 해산시키믄 된다."

동해용왕 따님아기가 물었다.

"어머니, 경허믄 열 달 채운 아기를 어디로 해산시킵니까?"

동해용왕 부인이 막 대답을 하려는데 남편의 천둥소리 같은 호령이 떨어졌다.

"어서 함에 가두고 자물쇠를 채우라!"

---

* **버련허니** 행동거지가 바르지 못하고 난잡하니
** **그랑그랑** 눈에 눈물이 넘칠 듯이 그득 된 모양

딸아이는 어머니의 대답도 듣지 못하고 끌려나갔다. 동해용왕은 딸을 함에 가두고 자물쇠를 단단히 채웠다. 그러고는 함 위에 '임박사가 열어 보라'는 글자를 써서 붙여놓았다.

바닷물에 띄워 버린 쇠함은 물 아래도 삼 년, 물 위에도 삼 년을 떠다니다가 처녀물가에 다다랐다. 마침 고깃배를 띄우러 바닷가로 나왔던 사람들이 무쇠석함을 발견하고는 함에 써진 대로 임박사에게 가져다주었다.

석함을 받은 임박사가 마당에 내려놓고 이리저리 살피다가 발로 툭 차니 굳게 잠긴 자물쇠가 저절로 살강하고 열리는 게 아닌가. 놀라 안을 들여다보니 그 속에 꽃같이 어여쁜 아가씨가 앉아 있었다.

임박사가 아가씨를 보며 물었다.

"너는 사람이냐? 귀신이냐?"

동해용왕 따님아기가 대답했다.

"귀신이 어떵 대낮에 나타날 수 이시쿠과? 나는 동해용왕 따님아기로 인간세상에 아기를 점지해주는 생불왕이 없던 허난 생불왕으로 좌정하려 왔소."

그 말을 들은 임박사 좋아서 허우덩싹 웃었다.

"아, 잘되었소. 우리 부부가 나이 오십이 다 되는데 아직도 자식이 없으니 아기 하나 점지해주십서."

"그럼 그리 허지요."

동해용왕 따님아기는 어머니가 가르쳐준 대로 임박사 부인에게 아기를 점지해주었다. 그런데 임박사 부인이 아기를 잉태하여 아홉 달 열 달 만삭이 되었는데 어디로 해산시켜야 할지 알 수가 없었다. 아버지의 호통에 대답을 제대로 못 듣고 온 것이다.

열한 달이 지나고, 열두 달이 넘어가니 산모가 사경을 헤매게 되었다. 동해용왕 따님아기는 부랴부랴 은가위를 가져다가 산모의 오른쪽 겨드랑이를 솜솜히 끊어내니 아이는 물론이고 산모까지 모두 잃게 되었다.

겁이 난 동해용왕 따님아기는 임박사의 집에서 도망쳐나와 처녀물가로 달려갔다. 이러지도 못하고 저러지도 못하고 안절부절 못하다가 수양버들 나무 아래 주저앉아 비새같이 눈물을 쏟았다.

부인과 자식을 한꺼번에 잃게 된 임박사는 원통하고 칭원해서 살 수가 없었다.

"이 억울한 사정을 어느 원님께 신원 올리리?"

머리를 쥐어뜯던 임박사는 동해산 서해산 남해산 북해산 아양안동 금백산에 올라가 칠성단을 차려놓고 천앙낙화 금바랑 요령을 흔들면서 옥황상제께 억울함을 호소하였다.

옥황상제가 인간세상을 내려보다가 요령소리를 들었다. 옥황
상제는 지부사천대왕(地府四天大王)을 불러 물었다.

"어떤 일로 밤도 고요 낮도 고요헌디 금바랑 천앙낙화 소리
가 나느냐?"

즉시 상황을 알아본 지부사천대왕이 임박사의 원통한 사정
을 보고해 올렸다.

"인간세상 생불왕이 없는 고로 임박사가 칭원하고 원통한 일
을 당하여 금바랑 천앙낙화 요령을 흔들멍 억울함을 호소하는
것입니다."

옥황상제는 인간세상에 생불왕이 있어야겠다고 생각해서 저
승 염라대왕을 불렀다.

"생불왕이 없어 사단이 났구나! 저승에나 인간세상에나 생불
왕으로 들어설 만한 사람이 있겠느냐?"

염라대왕이 대답했다.

"인간세상 명진국 따님아기가 솟아난 탄생일을 보건대 병인
년 병일월 병인일 병인시 정월 초사흗날이 되옵니다. 부모에 효
도하고 일가친척에 화목하고 깊은 물에 다리 놓아 공덕을 세우
고, 한쪽 손엔 번성꽃 또 한 손에 환생꽃 쥐었으니 이 아기씨를

생불왕으로 들여세우는 것이 어떻습니까?"

"어서 걸랑 그리 허자."

옥황상제는 금부도사를 내려 보내어 명진국 따님아기를 데려오게 하였다.

금부도사가 명진국에 내려서서 명진국 따님아기를 데려가려하니 아버지가 놀라 딸의 손을 잡았다.

"우리 아기는 아무 죄도 없습니다. 우리 아기 대신 부모가 가는 것이 어떵 허우꽈?"

"옥황상제의 명령이라 그럴 수는 없소."

명진국 따님아기가 부모를 안심시켰다.

"아바님아, 어머님아, 죄가 어신 사람 죽이는 법 없습네다. 제가 아무 탈 없어 다녀올 거난 너무 걱정허지 마십서."

명진국 따님아기는 금부도사를 따라 노각성자부연줄*을 타고 하늘옥황으로 올라갔다.

명진국 따님아기가 옥황상제 앞에 엎드리니 옥황상제는 아기씨의 마음을 떠보았다.

---

* **노각성자부연줄** 신화에서 하늘로 올라가는 줄을 말한다

"총각머리 등에 진 아기씨가 어찌하여 대청한간으로 들어오느냐?"

아기씨가 고개를 들어 태연하게 대답했다.

"소녀 한 말씀 아뢰리다. 남자 여자 구별은 여태 지지금인디 어떤 일로 총각머리 등에 진 처녀라 부릅네까?"

옥황상제가 고개를 끄덕였다.

"대답하는 걸 보니 똑똑하고 역력허다. 그만허민 인간 생불왕으로 들어설 만허구나. 너를 부른 것은 다름 아니라 인간세상에 생불왕을 임명하려 함이다. 어찌하겠느냐?"

"옥황상제님아, 아무 철도 때도 모르는 어리고 미혹한 소녀가 어찌 인간에 생불을 주고 환생을 줍네까?"

"아방 몸에 흰 피 석 달 열흘, 어멍 몸에 감은˚ 피 석 달 열흘, 살 올라 석 달 뼈 세왕˚˚ 석 달, 아홉 달 열 달 채워 아기 어멍 벌어진 뼈 부띄우고˚˚˚, 부띈 뼤˚˚ 늦추왕˚˚˚ 열두 구에문˚˚˚˚으로 해복시키라˚˚˚˚."

이렇게 명진국 따님아기는 옥황상제의 분부를 받고 생불왕이 되어 인간세상에 내려서게 되었다. 남방사주 저고리, 백방사주 바지, 대홍대단 홑단치마, 물명주 속옷 차림으로 사월 초파일날 인간세상으로 내려왔다.

명진국 따님아기가 노각성자부연줄로 내려와 명진국으로 가
는데, 처녀물가 수양버드나무 아래에 이르러 비새같이 울고 있
는 처녀를 보았다.

"저기 아기씨는 무슨 일로 울엄신고?"

명진국 따님아기가 다가가서 우는 연유를 물어보았다.

"누구관대 이리 앉아 비새같이 울엄수과?"

울던 아가씨가 대답했다.

"저는 동해용왕 따님아기로 인간 생불왕으로 귀양을 와신디
어디로 아기를 해복시켜살지 몰란 일을 그르치난 겁이 나서 울
엄수다."

"그게 무슨 말이오? 내가 옥황상제께 명을 받아 내려온 인간
세상 생불왕인디?"

그 말끝에 동해용왕 따님아기가 발딱 일어나 성질을 내면서

• **감은** 검은

•• **뼤 세왕** 뼈 세워서

••• **부띄우고** 빳빳하게 하고

•••• **부띈 뼤** 빳빳한 뼈

••••• **늦추왕** 느슨하게 해서

•••••• **열두 구에문** 열두 궁의 문, 즉 여성의 성기

••••••• **해복시키라** 해산시켜라

명진국 따님아기의 머리채를 잡더니 핑핑 손에 감아 좌우로 휘두르며 욕을 했다.

순식간에 봉변을 당한 명진국 따님아기가 동해용왕 따님아기를 달래며 말을 했다.

"우리 여기서 다투지 말고 옥황상제께 가서 다시 분부를 받는 것이 어떻허냐?"

"어서 걸랑 그리 허자."

두 처녀가 하늘옥황으로 올라가 상제께 분부를 확실히 내려달라고 간청했다. 옥황상제가 두 처녀를 번갈아보더니 난감하여 고개를 흔들었다.

"너희들 얼굴만 봐서는 누가 생불왕으로 가야 좋을지 분간이 안 되는구나. 천계왕을 불러라. 벽계왕을 불러라. 이 처녀들에게 꽃씨 두 방울을 내어주라. 너희들은 꽃씨 두 방울을 내어주건 서천서역국 모살밧듸* 심어서 키워보거라. 꽃 번성하는 대로 생불왕을 주리라."

두 처녀가 꽃씨를 받아 모래밭에 심었다.

---

* **모살밧듸** 모래밭에
** **이울어가는** 시들어가는

　옥황상제가 꽃 심사를 나가보니 이미 승부는 나 있었다. 동해
용궁 따님아기의 꽃은 뿌리도 하나요, 가지도 하나요, 순도 하
나가 겨우 돋아나니 이울어가는 꽃이었다. 그런데 명진국 따님
아기의 꽃을 보니 뿌리는 하나인데, 가지는 사만 오천 육백 가
지로 번성하고 있었다.

　옥황상제는 그 자리에서 분부를 내렸다.

　"동해용왕 따님아기는 이울어가는** 꽃이 되었으니 저승할망으로 들어서고, 명진국 따님아기는 번성하는 꽃을 길렀으니 생불왕 삼승할망으로 들어서라."

명진국 따님아기는 아기를 점지하고 키워주는 신이 되고, 동해용왕 따님아기는 죽어서 저승 간 아이의 영혼을 차지하는 신으로 들어서라는 것이다.

동해용왕 따님아기는 커싱커싱* 화를 내면서 명진국 따님아기가 키워낸 꽃의 가지 하나를 오도독 꺾어 가졌다. 명진국 따님아기가 놀라 따졌다.

"무사 내 꽃 상가지를 꺾엄시냐?"

"두고보라! 느가 생불을 주고 환생을 줘서 아기가 태어낭 석 달 열흘 백일이 지나믄 경풍이며 경세며 열두풍문 온갖 병을 주어사키여."

명진국 따님아기가 놀래서 동해용왕 따님아기를 살살 달래었다.

"경허지 말라. 아기가 태어나믄 폐백이영 좋은 음식을 차려줄 거난 우리 좋은 마음을 가져보는 게 어떵허냐? 저승걸레** 아홉 자 인정(人情)*** 걸고, 아기 어멍 헌페머리**** 땀이 밴 적삼도 인정 걸게 해주마."

그제야 동해용왕 따님아기의 마음이 누그러졌다. 저승과 이승으로 길을 떠나며 둘은 이별잔을 나누었다. 동해용왕 따님아기가 받은 잔은 명진국 따님아기에게 돌리고, 명진국 따님아기가 받은 잔은 동해용왕 따님아기에게 돌렸다.

이런 연유로 지금도 굿을 할 때는 두 상의 술잔을 서로 바꾸어 붓는 것이다.

명진국 따님아기는 인간세상 내려서서 동해산 서해산 북해산 아양안동 금백산 울성 안성 내외성, 비자나무를 기둥으로 삼고, 정자나무로 도리 걸고, 대추나무로 서까래 올려 팔층 집을 지어놓고 다락 네 귀에 풍경을 달아놓았다.

생불왕 삼승할망으로 들어선 명진국 따님아기는 문밖에 애기업개 예순 명, 문 안에 애기업개♦♦♦ 예순 명을 거느려 좌정했다. 삼승할마님은 일천 장 벼루에 삼천 장의 먹을 갈아 받아 앉고, 한쪽 손에는 번성꽃 다른 손엔 환생꽃을 쥐고 앉아 천리 만

● **커싱커싱** 신경질적으로 화를 내는 모양

●● **저승걸레** 저승할망에게 바치는 아기 업는 멜빵

♥♥ **인정** 신께 올리는 제물. "인정 주마, 사정 주마"에서 사정은 별 뜻이 없이 운을 맞추기 위해 사용한 말

♦♦ **헌페머리** 땋은 머리

♦♦♦ **애기업개** 어린아이를 업어 키우는 여자아이. 업저지

리를 보며 하루 만 명씩 잉태를 주고 하루 만 명씩 해산을 시켰다. 그래서 초사흘 초이레, 열사흘 열이레, 스무사흘 스무이레 만민 자손들이 올리는 제(祭)을 받았다.

어느 날 삼승할망은 급히 해산을 시켜야 할 자손이 있어 분주히 서천강 다리를 건넜다. 삼승할망이 네거리에 이르자 마마신인 대별상의 행차와 마주쳤다.

대별상의 행차를 보니 앞에 영기를 펄럭이며 좌우에 육방관속을 거느리고 벌연을 타고서 인물도감책을 한 아름 안고 있었다. 만민 자손들에게 마마를 앓게 하려는 것이 틀림없었다.

삼승할망은 옆으로 비켜서며 공손히 인사를 올렸다.

"대별상님아, 제가 생불을 주고 환생을 준 자손들이 고운 얼굴을 하게 도와주십서."

대별상은 무섭게 눈을 부릅뜨고 삼각수를 쓸어내며 호통을 쳤다.

"이게 무슨 말이냐? 여자라 허는 것은 꿈에만 시꾸와도˚ 재수가 없거늘 남자 대장부 행차에 함부로 입을 여느냐?"

˚ **시꾸와도** 꿈에 나와도

삼승할망은 세상에 태어나 이런 모욕은 처음이었으나 만민 자손을 생각하여 조용히 지나갔다. 대별상은 삼승할망이 고개를 숙이고 총총히 걸어가는 것을 보고 더욱 기고만장해져서 아기들에게 혹독하게 마마를 앓게 했다. 삼승할망이 내어준 아기들의 고운 얼굴을 뒤웅박처럼 얽어놓게 했던 것이다.

아기들의 얼굴을 본 삼승할망은 분노했다.

"괘씸하다. 대별상이 나에게 굴복하여 사정하게 하리라."

삼승할망은 생불꽃을 하나 가지고 대별상의 집으로 가서 대별상 부인 서신국 마누라에게 아기를 점지해주었다. 대별상은 마누라가 아기를 가졌다고 좋아하는데 이게 웬 일인가? 마누라가 한 달이 지나고 두 달이 지나고 열두 달이 지나도 해산을 하지 못하는 것이다. 서신국 마누라는 해산을 못하니 곧 죽게 될 판이었다.

사경을 헤매던 마누라가 대별상에게 어서 가서 삼승할마님을 청해오라고 시켰다. 대별상이 마지못해 흰 망건에 흰 도포를 입고 말을 잡아 타 삼승할망에게 달려갔다.

자신이 가면 삼승할망이 정중히 마중을 나오리라 생각했는데 삼승할망은 거들떠보지도 않았다. 대별상은 하는 수 없이 댓돌 밑으로 나아가 무릎을 꿇고는 마누라를 살려달라고 사정을 했다. 그제야 삼승할망이 나와 말했다.

"나를 너의 집에 청하고 싶거든 어서 가서 칼로 머리 싹싹 깎아두고, 굴송낙* 쓰고 두 귀 누른 굴장삼 둘러 입엉 버선 바람으로 댓돌 아래 왕 엎드리면 그때 내가 가리다."

대별상은 도리 없이 집으로 달려가서 머리를 박박 깎아 송낙을 쓰고, 장삼을 둘러 입고는 맨 버선 바람으로 달려와 댓돌 아래 엎디어 빌었다.

"그만하면 하늘 높고 땅이 낮은 줄 알겠느냐? 뛰는 재주가 좋댄 허여도 나는 재주가 있다고 허여라."

대별상이 고개를 수그리고 몇 번이고 빌었다.

"나를 꼭 데려가려거든 서천강에 명주로 다리를 놓아라."

대별상이 서천강에 명주로 다리를 놓자 삼승할망이 명주 다리를 건너 대별상의 집으로 행차했다. 삼승할망은 사경을 헤매는 서신국 마누라의 허리를 두세 번 쓸어내렸다. 그러자 이내 궁의 문이 열리며 해산이 되었다.

이런 연유로 해서 오늘날 굿을 할 때 신을 청하려면 무명 또는 광목을 깔아 다리를 놓는 것이다.

---

* **굴송낙** 머리에 쓰는 고깔

신화, 펼치기

불도맞이와 삼승할망

예전에 우리 어머니들은 아기를 갖게 해달라고 혹은 아기가 건강하게 클 수 있게 해달라고 빌기 위하여 산육신이 좌정해 있는 마을의 신당을 찾기도 하고 심방을 불러 굿을 하기도 했다. 산육신이 좌정해 있는 당을 주로 7일에 간다고 해서 '일뤠당'이라 하고, 아기를 점지해달라고 비는 굿을 '불도맞이'라 한다.

'불도맞이'는 자식을 점지해주고 열다섯 살까지 건강하게 키워주는 신인 삼승할망에게 비는 굿을 말한다. 이수자는 '불도맞이'를 "제주도 굿의 한 종류로 아기의 점지와 출산·양육을 담당하는 산육신인 생불할망(삼승할망), 아기에게 질병을 일으키는 저승할망(구삼승할망), 그리고 마마를 앓게 하는 마마신을 맞이하여 모시고 행하는 제의"라고 정의를 내리고 있다.

'맞이'는 신을 맞이하는 굿을 말하며, 불도는 아이를 점지해서 잉태하게 하고 건강하게 키워주는 산육신(産育神)인 삼승할망을 가리킨다. '불도맞이'는 산육신인 불도할망을 맞이하여 비는 굿이다.

삼승할망본풀이는 이 '불도맞이'에서 불리는 신화이다. 이 굿에서는 삼승할망이 아기들에게 마마를 주는 대별상과 대결하는 이야기인 '마누라본풀이'도 같이 구송된다고 한다. 앞에 소개한 본풀이는 삼승할망본풀이에 마누라본풀이를 이어놓은 것이다.

심방은 "신의 본(本)을 풀면 신나락 만나락하고, 생인(生人)의 본을 풀면 백년원수가 된다"는 말미와 함께 삼승할망본풀이를 읊는다. 산육신인 삼승할망을 칭송하여 기쁘게 함으로써 아기를 점지해주고 건강하게 잘 키워주기를 기원하기 위해서이다.

삼승할망은 아기를 잉태시켜주고 어머니 배 속에서 열 달이 차면 출산하게 해주는 산육신이다. 삼승할망의 '삼승'의 의미는 무엇일까? 현용준은 『제주도 신화의 수수께끼』에서 '삼승'

은 '삼'과 '승'이 합쳐진 말이라고 한다. '삼'은 '삼기다('생기다'의 옛말), 즉 '아기를 잉태시키다'의 의미를 가진 말의 어근이다. 여기에 세상을 의미하는 '승'이 결합하여 삼승이 되었다. '이승'은 '이 세상', '저승'은 '저 세상', '삼승'은 '아기를 점지해주고 키워주는 세상'이라 할 수 있겠다.

삼승은 아이를 열다섯 살까지 키워주는 나라, 즉 불도 땅을 의미한다. 불도 땅은 어머니의 태에서 나온 아기가 열다섯 살이 될 때까지 삼승할망이 키워주는 곳이다. 의료시설이 거의 없었던 예전에는 아이가 크면서 이런 저런 질병으로 죽는 경우가 많았고 열다섯이 지나면 비로소 온전하게 살아갈 수 있다고 생각했다. 그래서 열다섯 살까지 삼승할망이 키워준다는 불도 땅은 이승과 저승의 경계에 있다고 했다.

삼승할망을 불도할망이라고도 하는데, '불도'의 '도'는 신을 높여 이르는 말이다. 제주의 신들 중에 백주또, 하로산또라는 이름들이 보이는데, 신을 이르는 '도'를 붙여서 '또'라고 발음한 것이다. '불도'의 '불'은 부처를 나타내는 말이라고 보는 이도 있다.

이수자는 '불'을 '아기' 또는 '생명'을 의미하는 말이라고 해석하고 있다. 이수자의 『제주여성 전승문화』에서 이와 관련하여 언급한 내용을 살펴보자.

　고대에 있어 우리 민족은 아기나 인간을 뜻하는 말로 불이란
말을 사용한 적이 있는데, 바로 포유동물의 웅성 생식기의 한
부분을 불알이라고 하는 것에 남아 있다. 이 말은 '불'과 '알'로
이루어진 합성어로서 불을 낳게 하는 알이란 뜻인데, 불알, 즉
고환이 아이를 낳을 수 있게 하는 곳임을 상기하면, 이것은 불
이란 말이 바로 아기를 뜻하고 있다는 것을 알 수 있다.

　삼승할망을 '생불할망'이라고도 하는데, 문무병은 『두 하늘
이야기』에서 '생불'은 '아이'를 이르는 말로 '살아 있는 별'의 의
미를 담고 있는 말이라고 풀이하고 있다. 하늘에 별 하나 생겨
나면 땅에는 아이가 하나 태어난다는 관념에서 신생아를 '땅에
새로 태어난 별'이라 했고, '별'과 '불'은 어원이 같다고 말한다.
이런 의미에서 아기를 '생불'이라 했다는 것이다.
　'생불'은 '불(생명)을 생기게 한다'는 의미와 함께 '살아 있는
별'이란 의미로 해석할 수 있으며 이런 의미에서 삼승할망을
'생불할망'이라도 하는 것이다.
　한 가지 덧붙인다면, 제주에서는 '할망'을 '여신'의 의미로 사
용한다. 그래서 열다섯에 죽어 신으로 좌정한 여신에게도 '할

망'이라고 부르고, 아름다운 농경신 자청비에게도 세경할망이라고 부른다.

명진국 따님아기와 동해용왕 따님아기

삼승할망본풀이는 아기의 잉태와 출산 그리고 양육에 관한 신화로 이러한 과정을 주관하는 여신은 명진국 따님아기이다. 그런데 먼저 생불할망으로 들어선 이는 '동해용왕 따님아기'였다.

동해용왕 따님아기는 동해용왕이 어렵게 가진 어여쁘고 귀한 딸아기였지만 오냐오냐 길렀더니 갈수록 버릇이 나빠졌다. 한두 살에 아버지 수염을 잡아 뜯고, 서너 살에 어머니 가슴을 모질게 뜯고, 대여섯 살에 널어놓은 곡식을 밟아 흩뜨리고, 일고여덟 살에 이웃에 불화를 일으켰다.

딸아이가 열다섯 십오 세가 되었는데 버릇은 갈수록 더 나빠지니 동해용왕은 더 이상 참을 수가 없게 되었다. 동해용왕은 대장장이 쇠철이를 불러다가 무쇠함을 만들고는 그 속에 딸을 담아 동해바다로 띄워 버렸다.

동해용왕 따님아기를 내칠 때 어머니는 인간세상에는 아기를 점지하고 낳게 해주는 생불왕이 없으니 생불왕으로 들어서서 사람들에게 대접받으면서 살라고 했다. 그런데 어머니가 아기를 점지하는 법을 말해주었지만 딸을 어서 내치라고 재촉하는 동해용왕 때문에 어디로 아기를 해산하는지는 미처 말해주지 못했다.

그래서 동해용왕 따님아기는 임박사의 아기를 점지해줄 수 있었지만 해산을 시키지 못해 두 목숨을 위태롭게 하는 사태가 벌어졌다. 이런 상황이 벌어진 것은 동해용왕 따님아기의 어머니가 해산하는 법을 미처 말해주지 못했기 때문이지만, 달리 해석하면 동해용왕 따님아기가 생불할망으로서 자질이 부족했기 때문이라 할 수 있다.

동해용왕 따님아기는 아름다운 외모와 재능, 신분을 타고난 공주이다. 그럼에도 불구하고 나쁜 행실 때문에 생불할망이 될 수 없었다. 생명을 주관하는 신으로 갖추어야 할 가장 중요한 덕목이 부족했음을 강조하고 있는 대목이다.

동해용왕 따님아기가 생불할망이 될 수 없었던 행실을 보면 우리 조상들이 중하게 여기는 덕목이 무엇인지를 알 수 있다. 동해용왕 따님아기는 어머니 아버지께 버릇이 없고, 귀한 곡식을 함부로 흩뜨리며, 이웃과 화목하게 지내기는커녕 불화를 일으키고 다녔다. 부모에 효도하고 곡식을 귀하게 여기며, 이웃과 화목하게 지내는 것을 가장 중요한 덕목으로 생각했다는 얘기이기도 하다.

명진국 따님아기는 생불할망이 될 수 있는 자격요건을 갖추었다. '명진국'이라는 이름 자체가 '명'이 길다는 의미를 담고 있다. '질다'는 '길다'의 제주어이다. 명진국 따님아기는 부모에 효도하고 겸손한 태도로 일가친척에 화목하며 깊은 물에 다리 놓아 공덕을 세웠다고 하고 있다. 게다가 한쪽 손엔 번성꽃 또 한 손에 환생꽃을 쥐었으니 삼승할망이 될 수 있는 자질을 충분히 갖추었다고 볼 수 있다.

명진국 따님아기는 지혜롭고 재치가 뛰어난 인물로도 묘사되고 있다. 옥황상제가 시험 삼아 "총각머리 등에 진 아기씨가 어찌하여 대청한간으로 들어오느냐?"고 물었더니, "소녀 한 말씀 아뢰리다. 남자 여자 구별은 여태 지지금인디 어떤 일로 총각머리 등에 진 처녀라고 부릅네까?"라고 대답한다. 처녀가 어찌하여 대청의 한가운데로 들어가느냐는 질문에 "남녀 구별은 예로부터 행해온 것인데 왜 처녀를 불렀느냐"고 함으로써 여자가 대청한간에 들어서는 게 잘못이라면 처음부터 자기와 같은 총각머리를 등에 진 여자를 부른 상대방이 문제라는 것을 일깨우고 있는 것이다.

명진국 따님아기는 이런 시험을 거치고 나서 옥황상제로부터 생불신으로 인정받아 지상으로 내려온다. 명진국 따님아기는 임박사의 부인이 무사히 해산할 수 있도록 도와주지만 이를 안 동해용왕 따님아기가 머리채를 잡더니 핑핑 손에 감아 휘두르며 함부로 남의 자리를 뺏는다고 욕을 했다. 두 처녀가 머리채를 잡고 싸우는 사태가 벌어진 것이다. 그래서 둘은 옥황상제께 가서 다시 분부를 받기로 한다.

두 처녀가 하늘옥황으로 올라가 상제께 분부를 확실히 내려 달라고 간청하니 옥황상제가 꽃씨 두 방울을 내어주면서 서천 서약국 모래밭에 심어서 키워보라고 한다. 꽃이 번성하는 대로 생불왕을 주겠다는 것이다.

두 처녀가 꽃씨를 받아 모래밭에 심었는데 동해용궁 따님아기의 꽃은 뿌리도 하나요, 가지도 하나요, 순도 하나가 겨우 돋아나니 이울어가는(시들어가는) 꽃이 되었다. 그런데 명진국 따님아기의 꽃을 보니 뿌리는 하나인데, 가지는 4만 5천 600가지로 번성하고 있었다.

꽃은 신화에서 생명의 원천을 상징한다. 꽃이 피어야 열매를 맺고, 그 열매의 씨가 움이 돋아 종족을 번식시키는 것이다. 그러니 꽃 키우기 시합은 임신과 해산, 즉 생산과 생식의 능력에 대한 시합이라 할 수 있다. 그래서 명진국 따님아기는 꽃씨를 심어 수만 가지로 번성시킴으로서 그 자격을 인정받을 수 있었다. 하지만 제대로 꽃을 피워내지 못한 동해용왕 따님아기는 저승에서 죽어 간 아이의 영혼을 차지하는 신으로 들어서라는 명을 받게 된다.

생불왕이 되지 못한 동해용왕 따님아기는 심통이 나서 명진국 따님아기가 키워낸 꽃의 가지 하나를 오도독 꺾어 가지며 아기가 태어나고 석 달 열흘 백일이 지나면 경풍이며 경세며 열두 풍문 온갖 병을 주겠다고 심통을 부린다. 그러자 명진국 따님아기가 놀라서 동해용왕 따님아기를 붙들며 달래기를 "아기가 태어나면 폐백이며 좋은 음식을 차려줄 테니 우리 좋은 마음을 가지자"고 한다. 이리하여 삼승할망과 더불어 아기들에게 질병을 주고 저승으로 데려가는 저승할망(구삼승할망)을 같이 불도맞이에서 모시고 대접하는 것이다.

대별상 마누라신과의 한판승부

생불왕 삼승할망으로 들어선 명진국 따님아기는 문밖에 아기업개 60명, 문 안에 아기업개 60명을 거느려 좌정한다. 그리고 생불할망은 1천 장 벼루에 3천 장의 먹을 갈아 받아 앉아서는 한쪽 손에는 번성꽃 다른 손엔 환생꽃을 쥐고 천리 만리를 보며 하루 만 명씩 잉태를 주고 하루 만 명씩 해산을 시킨다고 한다. 생명을 점지하고 해산시키며 아이를 돌보는 삼승할망의 권능이 잘 나타나고 있는 대목이다.

그런데 어느 날 삼승할망은 급히 해산을 시켜야 할 자손이 있어 분주히 서천강 다리를 건너다가 마마신인 대별상의 행차와 마주쳤다.

대별상은 아기들에게 마마를 앓게 하고 고운 얼굴을 뒤웅박처럼 얽어놓게 했다. 삼승할망은 옆으로 비켜서며 공손히 자손들이 고운 얼굴을 하게 도와주십사 부탁을 드렸다. 그러자 대별상은 무섭게 눈을 부릅뜨고 삼각수를 쓸어내며 "여자라 허는 것은 꿈에만 시꾸와도 재수가 없거늘 남자 대장부 행차에 함부로 입을 여느냐?" 호통을 친다. 여성들을 하찮게 여기는 남성들의 여성관이 잘 드러나는 이야기이다.

삼승할망은 세상에 태어나 이런 모욕은 처음이었으나 만민 자손을 생각하여 조용히 지나갔다. 대별상은 삼승할망이 고개를 숙이고 총총히 걸어가는 것을 보고 더욱 기고만장해져서 아기들에게 혹독하게 마마를 앓게 했다.

이에 분노한 삼승할망은 생불꽃을 하나 가지고 대별상의 집으로 가서 대별상 부인 서신국 마누라에게 아기를 점지해주었다. 대별상은 마누라가 아기를 가졌다고 좋아하지만 한 달이 지나고 두 달이 지나고 열두 달이 지나도 해산을 하지 못하는 것이다.

마누라가 사경을 헤매게 되자 대별상이 흰 망건에 흰 도포를 입고 말을 잡아 타 삼승할망에게 달려갔다. 삼승할망이 나와 자신을 맞이하리라 생각했지만 할망은 내다보지도 않았다. 그래서 대별상은 댓돌 밑으로 나아가 무릎을 꿇고는 마누라를 살려달라고 사정을 했다. 그제야 삼승할망이 나와 말하기를 자신을 집에 청하고 싶거든 머리를 깎아 굴송낙 쓰고 두 귀 누른 굴장삼 둘러 입어서 버선 바람으로 댓돌 아래 와 엎드리라고 했다. 대별상은 도리 없이 집으로 달려가서 머리를 박박 깎아 고깔을 쓰고, 장삼을 둘러 입고는 맨 버선 바람으로 달려와 댓돌 아래 엎드려 빌었다.

거기다가 서천강에 명주로 다리를 놓아 청하자 그제야 삼승할망이 명주 다리를 건너 대별상의 집으로 행차해서는 사경을 헤매는 서신국 마누라가 해산할 수 있게 도와주었다. 이렇게 삼승할망이 마마신인 대별상과의 대결에서 승리하는 이야기는 마마와 같은 질병에서 아기를 지켜주기를 바라는 염원을 반영하고 있다. 삼승할망과 대별상 마누라신과의 대결 이야기는 삼승할망본풀이와 같이 불도맞이에서 구송되는 마누라본풀이에 해당한다.

마누라본풀이 속에 나타난 이야기를 다른 면에서 음미해보면, 남존여비사상을 강하게 가지고 있는 대별상을 굴복하게 하는 여성의 이야기로도 해석할 수 있다. "여자라 하는 것은 꿈에만 보여도 재수가 없다"고 하면서 호통을 쳐 모욕을 주는 대별상에 대하여 삼승할망은 목소리 하나 높이지 않고, 머리를 깎고 송낙을 쓰고선 맨버선 바람으로 댓돌 아래 엎드리도록 만든다. 뿐만 아니라 서천강에 명주로 다리를 놓아 자신을 모셔가도록 하는 것이다.

대별상 입장에서는 이런 굴욕이 따로 없을 지경이다. 이렇게 여자에게 모욕을 주다가 된통 당하고는 무릎 꿇고 사죄하는 이야기는 다른 신화에도 등장한다. 그간 남성들의 권위에 짓눌려 살던 여성들이 이 대목에서 얼마나 통쾌했을지, 속이 후련해지는 시원함을 맛보았을 것이라 능히 짐작할 수 있는 이야기이다.

제주의 일뤠당과 별공주 아기씨

아기를 점지해주고 건강하게 키워주는 산육신이 좌정해 있는 당들을 '일뤠당'이라고 한다. 일뤠당은 제주도 전역에 마을

마다 조성해놓고 있다. 그만큼 아기를 낳고 건강하게 키우는 일이 중요하기 때문일 것이다.

그럼 왜 산육신들이 좌정해 있는 당을 일뤠당이라고 할까? 물론 제일이 7일, 17일, 27일이기 때문인데, 왜 하필 7일자에 제를 지낼까? 7일자에 제를 지내는 이유는 하늘에 떠 있는 북두칠성과 관련이 있기 때문이다.

민속학자 문무병은, "제주도에서는 칠석날 밤 집 마당에 병풍을 치고 북두칠성을 나타내는 일곱 명의 신위 칠원성군의 일곱 개 송낙(고깔)을 올려놓고, 제물을 각각 일곱 그릇씩 진설하여 칠원성군께 아이들이 병 없이 무탈하게 잘 클 수 있도록 해달라고 비는데 이를 칠원성군제 또는 칠성제라 한다"고 말하고 있다.

또한 불도맞이 굿을 할 때 상차림을 보면, 상하 2층으로 되어 있는데 위층은 삼승할망상이고, 아래층은 칠원성군상이다. 칠원성군상은 북두칠성을 모신 상인데, 일곱 개의 고깔과 일곱 그릇의 메(밥)와 제물을 올린다. 이처럼 북두칠성의 별을 칠원성군이라 하여 아이를 길러주는 신으로 삼승할망과 같이 모시고 있는 것이다.

삼승할망상 오른쪽에는 작은 상이 놓여 있는데, 구삼승할망을 위한 상이다. 저승을 차지한 동해용왕 따님아기를 구삼승할망, 제주어로는 '구삼싱할망'이라 부른다. 삼싱할망이 죽어서 저승에 간 아이의 영혼을 차지하는 신이니만큼 이 상에는 수레 멸망악심꽃이 놓여 있다. 수레멸망악심꽃은 생명을 앗아가는 죽음의 꽃으로 띠를 한 줌 정도 묶어놓은 것이다.

아이를 살아 있는 별, 즉 생별(생불)이라 생각하는 관념은 당신 화에도 이어지고 있다. 마을에 있는 신당 가운데 아이를 점지해 주고 건강하게 클 수 있도록 도와주는 여신은 주로 하늘에서 내 려온 별공주 따님아기이다. 대표적인 예가 와산 지역에 있는 '불

불도맞이 굿의 삼승할망 상차림, 위는 삼승할망상이고 아래는 칠원성국상, 오른쪽 작은상 은 저승을 차지한 구삼승할망상이다

돗당'이다. 와산 불돗당에 전해지는 신화의 앞부분을 소개한다.

옥황상제 셋째 딸 별공주님은 인간세상으로 내려오는 것을 좋아했다. 하루는 인간세상 이곳저곳을 구경하고 다니다가 나락(벼)이 잘 여물어 있는 논밭을 지나게 되었다.

옥황상제는 하늘의 신들에게 인간의 음식을 먹지 못하도록 금했다. 그러나 옥황상제의 막내딸은 아버지의 말을 거역하고 나락을 한 줌 뜯어 맛을 보고 말았다. 이를 안 옥황상제가 크게 노하여 셋째 딸을 인간세상으로 귀양을 보내라고 명령했다.

하늘옥황에서 쫓겨난 별공주님은 진녹색 저고리에 연반물 치마를 입고 외코 접은 백복버선, 새 그려 새참빗, 용 그려 용얼레기로 쉰다섯 자 머리를 허울허울 빗어놓고 꽃댕기 드리우고 인간땅에 내려왔다. 인간세상 눈미 와산 당오름으로 내려선 별공주님은 사방을 둘러보았다. 단풍이 곱게 물든 나무들이 볼 만했고 아래쪽 샘물도 맑아 마음에 들었다. 별공주님은 이곳에 좌정하기로 결정하고는 어느 자손을 상단골을 삼아 섬김을 받아볼까 하고 짚어보았다.

저 내생이(와산리) 묵은가름(마을 이름)에 사는
김향장 집 따님이 출가하여 이십이 넘고

삼심 서른이 넘고, 사십 마흔이 넘어가도
남녀 간의 대를 이를 아이가 없구나.
논밭도 많고 마소도 많고
남부러울 것 없이 유복하게 살암쪄마는
후세를 이을 자손이 없어 탄식햄구나.

별공주님은 김향장 집 따님의 꿈에 나타나 계시를 주었다.
"너는 열다섯 십오세 넘고 출가를 해서 넓은 밭에 마소도 많다
마는 부부 사이에 아기가 없어 탄식햄구나. 너 내일 아침에 저
당오름 중허리에 올라가보라. 거기에 석상 미륵이 이실거난 쌀
로 밥을 쪄 마련허고, 백시루 떡에 계란 안주, 미나리 채소, 청
감주를 차려 와서 수륙재(아이 낳기를 비는 제) 올리라. 경허민
석 달 열흘 백일이 되기 전에 알아볼 도리가 이실 거여."
슬하에 아기가 없어 하루하루 탄식하며 지내던 김향장집 따
님은 꿈에서 깨자마자 이건 예사 꿈이 아니라는 생각이 들었
다. 그래서 서둘러 음식을 장만하기 시작했다. 꿈에서 들은 대
로 백시루떡, 미나리 청근채, 계란 안주 청감주를 정성으로 장
만하고 당오름으로 갔다. 당오름 중허리를 돌다 보니 정말로
난데없는 석상보살 미륵이 있었다. 김향장 따님은 마음을 가
다듬고 정성을 다해 음식을 올려 제를 지냈다.

별공주 아기씨를 상징하는 신석

이렇게 와산에 좌정한 별공주는 자손이 없는 김향장 따님에게 아기를 점지해주었고, 김향장 따님을 상단골로 삼아 산육신으로 좌정하게 되었다는 이야기이다. 그래서 와산의 불돗당은 아이를 점지해주고 건강하게 자라도록 보살펴주는 불도할망을 모신 당이다. 주로 7일에 가는 일뤠당인데, 사람들은 초일뤠, 열일뤠, 스무일뤠날 당에 가서 정성을 올린다고 한다. 그러니까 보통은 초일뤠(7일)에 당에 가는데, 일이 있어서 못 가게 되면 열일뤠(17일)에 간다. 그리고 두 날짜에 못가는 부득이한 일이 있을 때만 스무일뤠(27일)에 간다고 한다.

이렇게 옥황상제의 딸인 별공주 아기씨가 산육신으로 좌정

와산 불돗당과 신목인 팽나무

하고 있는 당은 이 외에도 용강리에 있는 웃무드네 궤당과 월평동 본향 성창골당이 있다.

어멍 : 어머니를 낮추어 이르는 말

예시 어멍 어디 가시니? → 어머니 어디 갔느냐?

아방 : 아버지를 낮추어 이르는 말

예시 느네 아방이 밧듸 오랜 허여라. → 너의 아버지가 밭에 오라고 했어.

할망 : 할머니를 낮추어(친근하게) 이르는 말

예시 할망칩에 갓당 와수다. → 할머니가 사는 집에 다녀왔어요.

하르방 : 할아버지를 낮추어(친근하게) 이르는 말

예시 하르방 할망이 손지 보레 서울 간댄 햄서.

→ 할아버지 할머니가 손자 보려고 서울 간다고 했어.

삼춘 : 삼촌

예시 삼춘, 어디 감수과? → 삼촌, 어디 가세요?

셋아들 : 둘째아들. 둘째인 경우에 '셋'을 붙인다. 셋똘

예시 셋아들이 이번에 대학 감서. → 둘째 아들이 이번에 대학교에 갈 거야.

말짓똘 : 셋째 딸

예시 그 집 말짓똘 곱닥헌게. → 그 집 셋째 딸 곱더라.

오라방 : 오빠

예시 오라방이 나 핵교 보내줫주. → 오라버니가 나 학교에 보내주었지.

오래비 : 손 아래 남동생

예시 느네 오래비신디 핵교 늦엇댄 골으라.

→ 너의 남동생한테 학교 늦었다고 말해라.

홀어멍, 홀아방 : 배우자가 없는 여자와 남자

예시 홀어멍은 깨가 서 말, 홀아방은 이가 서 말이랜 허여라.

→ 과부는 깨가 서 말, 홀애비는 이가 서 말이라고 하더라.

5장

제주 당신의 어머니
백주또

백주또와 소천국은 아들 열여덟, 딸 스물여덟을 낳았다. 이들이 낳은 아들·딸들이 줄이 뻗고 발이 뻗어 삼백 일흔 여덟이 되었고, 자식들은 다른 마을의 당신이 되었다고 한다. 이들을 송당계 신이라고 하는데, 이들이 제주도 전역으로 뻗어나갔기 때문에 송당본향당을 제주 신당의 원조라고 하며 백주또는 제주 당신의 어머니라고 한다.

송당본풀이

웃송당의 당신 금백주와 알송당의 당신 소로소천국이 부부가 되어 아들 열 여덟, 딸 스물여덟을 낳고 손자가 삼백 일흔 여덟으로 벌어졌다. 이 자손들이 퍼져 제주 각 마을의 당신이 되었다.

소천국은 알송당 고무니모를에서 솟아나고, 부인인 금백주는 강남천자국 백모래밭에서 솟아났다.

백주또가 열다섯 살이 되자 신랑감을 찾아 천기(天機)를 짚어보니, 조선 남방국 제주 땅 송당리에 배필이 있었다. 백주또는 제주섬으로 내려와 송당에 찾아가서 소천국을 만나 부부가 되었다.

백주또가 여섯 째 아들을 임신했을 때의 일이다.

소천국은 사냥을 해서 가족을 먹여 살렸는데 둘 사이에 딸 아들이 계속 태어나니 생활이 힘들어졌다. 그래서 백주또는 남편 소천국에게 농사를 짓자고 말했다.

"낭군님아, 아길 영 하영* 탄생허는디 놀아서 살 수 이십네까? 요 애기들을 어떵 질릅네까**? 이렇게 사냥만 해서 살 수가 없으니 농사를 지으십서."

송당리에는 볍씨 아홉 섬지기, 피씨 아홉 섬지기나 되는 오붕이굴왓이라는 밭이 있었다. 오붕이굴왓은 어찌나 넓은지 달이 지고 별이 지도록 밭을 갈아도 다 갈 수 없을 정도로 넓은 밭이라 하여 '달 진 밭, 별 진 밭'이라 하였다. 소천국은 부인 말을 듣고 이 넓은 밭에 가서 농사를 짓기로 했다. 그래서 소 한 마리에 쟁기까지 갖추고 아침 일찍 밭으로 향했다.

백주또는 밭을 갈고 있는 남편을 위해 밥도 아홉 동이 국도 아홉 동이를 장만해서 오붕이굴왓으로 갔다. 과연 남편 소천국이 소를 앞세워 부지런히 밭을 갈고 있었다. 백주또는 남편이 부지런히 일하는 모습을 보니 마음이 흐뭇했다.

"밥도 아홉 동이 국도 아홉 동이 차려서 점심 가져왔수다."

소천국은 부지런히 밭을 갈면서 말했다.

"거기 나무 밑에 두고 소 길마로 덮어두시오."

백주또는 나무 아래에 점심을 놓고 길마로 덮은 뒤 집으로 돌아갔다.

소천국이 부지런히 밭을 갈고 있노라니 때마침 지나가던 태산절 중이 다가왔다.

"밭 가는 선관(仙官)님아, 점심 먹다 남은 것이 이시민* 조금 주십서. 배가 고파 요기나 허고 가게."

며칠 굶었는지 말하는 품이 영 힘이 없어 보였다. 소천국은 부인이 점심을 넉넉하게 싸 왔으니 조금 줘도 괜찮겠거니 하고 생각했다.

"거 나무 밑에 소 길마를 들어봅서. 거기 점심이 이시난 조금만 먹고 갑서."

태산절 중은 좋다구나 하면서 소 길마를 던져두고 점심밥을

---

* **하영** 많이
** **질릅네까** 기릅니까
♥ **이시민** 있으면

먹기 시작했다. 그런데 정신없이 먹다 보니 어느 새 밥도 국도 다 바닥이 드러나버렸다. 겁이 바락 난 태산절 중은 밭 가느라 정신없는 소천국을 한 번 쳐다보고는 재빨리 도망쳐버렸다.

한참 밭을 갈던 소천국은 시장하여 점심을 먹으려고 나무 밑으로 갔다. 그런데 소 길마는 저 쪽에 팽개쳐져 있고 밥 아홉 동이 국 아홉 동이는 간 곳 없이 빈 그릇만 이리저리 나뒹굴고 있었다.

"태산절 중놈이 다 먹엉 가부럿구나. 아이고, 배고파라. 정말 배고팡 죽어지키여."

소천국이 제일 힘들어하는 것은 배고픔을 참는 거였다. 주린 배를 움켜쥐고 이리저리 둘러보던 소천국에게 밭 갈던 소가 눈에 들어왔다.

"저 소라도 잡아 먹어사주, 도저히 참을 수 없다."

소천국은 소를 주먹으로 때려잡아 쇠갈퀴 같은 손톱으로 소가죽을 벗겨냈다. 그리고는 망개낭으로 불을 살라 구어가면서 이게 익었는가 한 점, 저게 익었는가 한 점 먹다 보니 어느 새 뼈다귀만 남았다.

소 한 마리를 다 먹었는데도 배는 여전히 고팠다. 어디 더 먹을 만한 게 없나 하고 주위를 둘러보는데 옆에 있는 억새풀밭에 까만 암소 한 마리가 한가로이 풀을 뜯고 있었다.

"아이고, 안 되키여. 저놈이라도 잡아 먹어사 간에 기별이라도 가주."

소천국은 까만 암소를 잡아다 불에 구어 먹으니 이제야 배가 부른 듯했다.

"이제 다시 일해 보카?"

그런데 다시 밭을 갈려고 보니 소가 없었다.

"허 참, 소는 내가 다 잡아먹어 부러싱게."

잠시 고민하던 소천국은 문득 부른 배를 내려다보았다.

"이가 없으면 잇몸으로 허는 거주. 내 이 불룩 솟아나온 벳부기*로 쟁기 삼아 갈면 되컨게."

소천국은 배때기를 쟁기 삼아 밭을 갈기 시작했다. 소천국이 한 번 기어갈 때마다 흙이 양 옆으로 갈라지면서 넓은 고랑이 생겼다.

백주또가 빈 그릇을 가져가려고 밭에 갔더니 밭담 위에 소머리도 두 개, 쇠가죽도 두 개 걸쳐져 있었다. 이게 무슨 일인가 해서 봤더니 남편이 배때기로 밭을 갈고 있었다.

"소는 어디 두고 벳부기로 밭을 갈고 잇수과?"

● **벳부기** 배때기

소천국이 배에 들러붙은 흙을 털어내며 너털 웃었다.

"아, 지나가던 태산절 중놈이 점심 좀 달라고 사정하기에 먹으라고 허여신디 밥 아홉 동이 국 아홉 동이 다 들러먹엉 가부러서. 그래 배고팡 일할 수가 잇어사주. 경허연˚ 소 잡아먹고 배때기를 쟁기 삼아 일하고 이서."

"경헌디˚˚ 어떵허연 소머리도 둘이고 소가죽도 둘이우까?"

백주또가 밭담에 걸쳐져 있는 소머리와 가죽을 가리키며 물었다.

"한 마리 잡아 먹어신디 간에 기별도 안 가는 거라. 마침 저억새밭에 까만 암소 한 마리 이시난 같이 잡아 먹엇주."

백주또가 벌컥 화를 냈다.

"거 무슨 말도 안 되는 소리우꽈? 우리 소 잡아먹는 거야 할 수 없는 일이주마는 남의 소까지 잡아먹는 게 말이 됩니까?"

백주또는 빈 그릇들을 챙겨 가면서 모질게 말했다.

"난 쇠도둑놈하고 같이 살 수 어시난 땅 가르고 물 갈랑 살림 분산헙시다."

결국 둘은 살림을 가르고 따로 살게 되었다.

소천국이 배운 것은 총질 사농질*이니 길이 바른 마세총을 둘러메고 산천에 올라가서 노루 사슴에 멧돼지를 잡아서는 정동갈 집의 딸을 첩으로 삼아 고기를 삶아 먹으며 살았다.

백주또는 혼자 많은 자식들을 키우면서 살아가는데 뱃속에 막둥이를 임신하고 있어서 일하고 살림하는 게 여간 힘든 게 아니었다.

마침내 아들이 태어나고 세 살이 되자 아비를 찾아주려고 소

---

* **경허연** 그래서
** **경현디** 그런데
✽ **사농질** 사냥질

천국을 찾아갔다. 소천국은 해낭골 굴왓이라는 곳에서 고기를 구워먹고 있었다.

"당신 아들 데리고 왔수다."

소천국이 기뻐하며 막내아들을 무릎에 앉혔다. 그러자 어린 아들은 어리광을 부리며 버릇없이 아버지 삼각수염을 잡아당기고 가슴을 마구 두드리는 게 아닌가.

소천국이 얼굴을 찌푸리며 아들을 밀쳐내자 이를 본 백주또가 한탄하며 말했다.

"이놈의 자식이 뱃속에 있을 때도 어찌나 발길질을 허는지 몸이 부서지는 것 같아 살림을 제대로 못해신디 태어나서도 영버릇이 어시난 어떵 죽일 수도 없고 잡을 수도 없고, 이런 불효 자식을 어떵허믄 좋으쿠과?"

백주또가 푸념을 하자 소천국은 더욱 화가 치밀어 올랐다.

"이놈의 자식을 먼 바다로 띄워 버려사주 이리 버르작머리 없이 컸다가 뭔 일을 벌일지 알 수가 없는 일이라."

소천국은 무쇠상자에 아들을 담아 멀리 동해 바다로 띄워 버렸다.

무쇠상자는 물 위에서 삼 년, 물 아래서 삼 년 파도 따라 떠다니다가 용왕황제국에 들어가 산호수 가지에 걸렸다.

그날부터 용왕황제국에 이상한 일들이 일어났다. 밤에도 초롱불을 밝힌 것처럼 환하고 낮에는 우렁우렁 글 읽는 소리가 용궁에 가득했다.

"이게 무슨 일인고?"

용왕황제가 큰딸을 불렀다.

"무슨 일인지 큰딸아기가 나가보라."

큰딸이 다녀와서는 대답했다.

"아무 일도 없습네다."

용왕황제는 둘째 딸을 보냈다. 둘째 딸도 다녀와서는 아무 일도 없노라고 대답했다.

"그럼 이번에는 셋째가 나가보라."

셋째 딸이 다녀와서는 대답했다.

"산호수 가지에 무쇠상자가 걸어졌습네다*."

용왕은 큰딸에게 무쇠상자를 내려오라고 시켰다. 그러나 큰딸은 내리지 못하고 빈손으로 돌아왔다. 둘째를 시켜도 마찬가지였다.

"막내아기야, 네가 가서 내려가지고 오라."

---

* **걸어졌습네다** 걸려 있습니다

셋째 딸은 무쇠상자를 겨드랑이에 끼워서 살짝 내려놓았다. 그리고는 꽃당혜 신은 발로 툭툭 차니 무쇠상자가 저절로 설강 열리는데 그 속에는 옥 같은 도련님이 한 아름 책을 안고 앉아 있었다.

용왕이 도령에게 물었다.

"너는 누구냐? 어느 나라에서 왔느냐?"

"저는 조선 남방국 제주에서 온 궤네깃도 됩수다."

"제주에서 어떵허연 여기까지 와시냐?"

"강남천자국에 큰 난리가 일어낫댄 허난 막으레 가는 길에 들려수다."

그 말을 듣고 용왕이 감탄하며 다시 한 번 도령을 훑어보았다. 두 눈이 부리부리하고 늠름한 게 보통 인물이 아니라는 생각이 들었다.

"천하 명장인 모양이구나. 내 사위 삼아사키여. 큰딸아기야, 네 신랑감으로 어떠냐?"

큰딸은 고개를 돌렸다.

"둘째야, 너는 어떠냐?"

둘째 딸은 들은 체도 하지 않았다.

"허허, 우리 막내딸은 어떨꼬?"

막내딸은 얼굴을 붉히며 고개를 끄덕였다.

결국 백주또와 소천국의 아들 궤네깃도는 용왕의 셋째 딸과 혼인하여 부부로 살게 되었다.

용왕국에서는 사위를 대접하느라 상다리가 부러지게 음식을 차렸다. 그러나 궤네깃도는 음식을 거들떠보지도 않았다.

용왕 황제가 왜 음식을 먹지 않는지 물어보았다.

"우리나라는 비록 작은 섬나라주마는 나는 돗도 전머리, 쉐도 전머리*를 먹고 삽니다."

그날부터 용왕국에서는 소도 잡고 돼지도 잡고 닭도 잡아 사위 대접을 시작했다. 그렇게 석 달 열흘을 사위 대접하다 보니 동쪽 창고도 비어가고 서쪽 창고도 비어갔다. 그러자 용왕국에 야단이 났다.

"어허, 사위 먹이다 나라 망허키여."

용왕황제는 막내딸을 불러 말했다.

"이거 안 될 일이여. 딸은 출가외인이니 네가 남편을 데리고 여기서 나가라."

막내딸은 눈물을 흘리면서 아버지께 부탁했다.

---

* **돗도 전머리, 쉐도 전머리** 돼지도 한 마리 소도 한 마리 통째로

"아버님, 그럼 무쇠 바가지 하나, 무쇠 방석 하나, 금동 바가지 하나, 상마루에 매어 둔 비루먹은 몽셍이* 한 마리만 주십서. 경허민 나가쿠다."

"알았다. 그 정도는 들어주지."

용왕은 딸이 요구한 것과 함께 무쇠상자에 사위와 딸을 담아 바다에 띄워 버렸다.

무쇠상자는 밀물에도 홍당망당, 썰물에도 홍당망당 물결 따라 흘러다니다가 강남천자국 백모래밭에 다다랐다.

그날부터 강남천자국에서는 이상한 일들이 일어났다. 밤에는 백모래밭에 초롱불을 밝힌 듯 환하고, 낮에는 글 읽는 소리가 우렁우렁 그치지 않았다.

강남천자국 왕은 신하들에게 무슨 일인지 조사해보도록 했다. 군사들은 백모래밭에서 무쇠상자를 발견하고 왕에게 가져 갔다.

왕은 무쇠상자를 열어보도록 했다. 그러나 아무리 열려고 해도 상자는 열리지 않았다.

"안 되겠다. 필시 무슨 사연이 있는 듯하니 제관을 불러오너

---

* **몽셍이** 망아지

라."

제관이 와서 무쇠상자를 둘러보고는 말했다.

"예를 갖추어 제사를 지내면 무쇠상자가 열릴 것입니다."

제관은 예를 갖추어 제단에 음식을 올리고 제사를 지냈다. 그러자 단단히 닫혀 있던 무쇠상자가 살강 하고 열리면서 무쇠상자 안에서 기골이 장대한 도령과 어여쁜 여인이 나왔다.

강남천자국 왕이 공손하게 물었다.

"어느 나라에서 오신 누구신지요?"

"예, 저는 조선 남방국 제주라는 섬나라에서 왔수다. 강남천자국에 큰 사변이 일어낫댄 허여서 그 난을 평정허래 왔습네다."

궤네깃도의 말을 들은 강남천자국 왕의 얼굴이 환하게 밝아졌다. 강남천자국 왕은 궤네깃도의 손목을 잡으며 환대했다.

"안 그래도 못된 무리들이 난을 일으켜 나라가 어지러운데 이런 귀인이 오시다니 저의 기도가 하늘에 닿은 모양이우다!"

왕은 황급히 두 사람을 궁궐로 맞아들이고 극진히 대접했다. 그리고 무쇠투구와 갑옷을 갖추어주면서 적을 물리치도록 했다.

궤네깃도가 비루먹은 망아지를 타고 전쟁터로 들어가보니 머리 둘 달린 적장, 머리 셋 달린 적장이 칼을 휘두르며 달려오는데 아무도 막아내지 못하고 있었다. 궤네깃도는 무쇠방석을 빙글빙글 돌리다 머리 둘 달린 적장을 향해 휙 던졌다. 그러자 적장의 머리가 그대로 한꺼번에 떨어져나갔다. 그걸 본 적군들이 웅성웅성하기 시작했다.

궤네깃도는 연이어 머리 셋 달린 적장을 향해 무쇠 바가지를 던졌다. 무쇠 바가지에 가슴을 맞은 적장이 세 개의 머리에서 한꺼번에 피를 토하며 고꾸라져버렸다. 이를 본 적군들이 비명을 지르며 삽시간에 흩어져 달아나기 시작했다.

난은 곧 평정되었고, 비루먹은 망아지를 타고 당당하게 궁으로 돌아온 궤네깃도에게 왕이 크게 기뻐하며 그 공을 치하했다.

"이렇게 볼품없는 말을 타고도 적을 물리쳤으니 어찌 놀라지 않을 수 있겠소? 우리 강남천자국에는 그대 같이 용맹한 장수가 없습니다. 땅 혼 착, 물 혼 착 베어주민* 국세를 받아 먹엉 사십서."

"그도 마웨다**."

"경허민 천금상에 만호후 벼슬을 내릴 것이오."

"그도 마웨다."

"경허민 소원을 말해보시오."

• **땅 혼 착, 물 혼 착 베어주민** 땅 한 조각 물 한 조각 나누어 주면
•• **마웨다** 싫습니다

"소장 본국으로 가겟습네다."

강남천자국 왕은 섭섭해 하면서 큰 배 한 척에 식량을 가득 싣고 군사들이 호위하게 하여 제주 땅으로 돌아갈 수 있게 해 주었다.

마침내 배가 제주 바다에 당도하니, 썰물 때라 제주 동편 소 섬 진질깍으로 배를 댔다가 마음에 안 들어 종달리 갯가로 갔 다가 거기도 마음에 안 들었다. 그래서 알다랑쉬오름 비자림 쪽 으로 올라왔다.

소국성이 부인과 함께 군사들의 호위를 받으며 제주섬으로

올라서자 천둥번개가 치듯 땅이 들썩이고 하늘이 출렁였다.

그때 아버지 소천국은 산에서 사냥을 하고 있었다. 그런데 갑자기 땅이 들썩이고 하늘이 출렁출렁 하면서 사방이 어수선해졌다. 새들이 푸드득 푸드득 날아오르고 산짐승들도 놀라 사방으로 뛰쳐나갔다.

소천국이 무슨 일이 있는가 하여 오름 위에 올라 아래를 내다보니, 마을 사람들이 무슨 구경거리를 만났는지 우르르 아래로 몰려가고 있었다. 소천국은 사냥하는 걸 그만두고 마을로 내려왔다.

마을에는 벌써 구경을 마치고 돌아온 사람들이 몰려서서 웅성웅성 얘기하고 있었다. 소천국은 무슨 일이 있는 것인지 궁금하여 물어보려고 느진덕정하님을 찾았다.

사람들과 함께 수군거리던 느진덕정하님이 소천국을 보자 걱정스런 눈빛으로 말을 했다.

"나가 소도리 호끔 해사쿠다.* 세 살 적에 죽으렌 무쇠상자에 집어낳 바닷물에 띄워분 작은 상전님이 아방 나라를 치젠 군사들을 이끌고 섬으로 들어왓댄 햄수다. 흔저** 몸을 피해사쿠다."

소천국이 버럭 화를 냈다.

"에, 이년, 고약헌 년 아니냐. 그간 무쇠상자도 다 녹안 어서져실 건디, 여섯째 아들이 살아오기 만무허다."

사람들이 혀를 차며 뿔뿔이 흩어졌다.

그럴 리 없다고 생각하면서도 혹시나 하고 소천국이 아들이 왔다는 곳으로 내려가보았다. 그런데, 정말로 그 아들이 기골이 장대한 사내대장부가 되어 많은 군사들까지 거느리고 오는 게 아닌가!

아들을 죽이려고 바다에 띄워 보냈던 소천국은 겁이 바락 나서 한라산 쪽으로 도망치기 시작했다. 그런데 정신없이 달리다가 그만 바위 아래로 고꾸라져 떨어졌다. 그리고 그 자리에서 숨이 끊어지고 말았다. 소천국은 알송당 고부니마루로 가서 좌정했다.

어머니 백주또도 이상한 소리가 나면서 섬이 들썩들썩하니 무슨 일이 일어났는가 하고 아랫사람을 불러 물어보았다.

"무슨 일로 이리 벼락 떨어지는 소리가 남시냐? 어서 가서 무슨 일인지 알아 봥 오라."

느진덕정하님이 말했다.

---

* **소도리 호꼼 해사쿠다** 고자질 조금 해야 하겠습니다
** **혼저** 어서, 빨리

"세 살 적에 죽으라고 무쇠상자에 담앙 바다에 띄워 버린 작은 상전님이 원수 갚으젠 들어왐댄 햄수다."

"그럴 리가 없다. 그 아들이 살아 오다니!"

백주또도 허위허위 비자림 쪽으로 달려가보니 아들이 어머니를 찾아 올라오고 있는 게 아닌가!

백주또도 겁이 바짝 나서 공작머리 짊어지고˙ 달려가다 당오름 아래서 숨이 끊어졌다. 백주또는 죽어 당오름에 좌정하였다. 그래서 백주또는 송당의 마을신이 되어 정월 열 사흘 날 대제일을 받아먹게 되었다.

궤네깃도는 아버지 어머니를 모두 잃자 몹시 슬펐다. 아버지가 좌정한 알송당 고부니마루에서 눈물 흘리던 궤네깃도는 마을마다 연락해 사냥꾼들을 모았다.

"아버지가 살아실 제 사농질을 잘 허고 고기를 좋아해시난 고기로 제사를 지내야키여."

궤네깃도는 사냥한 고기로 아버지께 제사를 지내주었다. 이리하여 소천국은 아랫마을 송당 신당의 신이 되어 제사를 받아먹게 된 것이다.

궤네깃도는 군사들을 본국으로 돌려보내고 자신은 아내와 함께 한라산으로 들어갔다. 그들은 조천면 선흘리로, 복오름 체오름으로, 교래리 벌판으로 숲으로, 윗송당 아랫송당 지나 체역장오름에 올랐다. 그곳에서 물을 마시고 좌우를 둘러보았다.

"이름난 장수 날 명당이 어딘가 보자. 김녕리가 이름난 장수가 날 명당이로다. 김녕리 입산봉은 두 우산 심은 듯, 괴살미오름은 양산 홍산 불린듯허라. 아끈**다랑쉬오름은 초출일산(初出日傘) 불린듯허라. 웃궤눼기를 들어가난 우흐로 든 바람 알로 나고***, 알로 든 바람 우흐로로 나고 아래 길 굽어보난 별 솜솜 달솜솜허연 좌정할 만허구나. 옥황상제 명을 받아 김녕리 신당으로 좌정하옵네다."

궤네깃도는 알궤눼기로 좌정하였다. 이에 심방이 물었다.

"뭣을 잡숩네까?"

"쉐****도 전머리 먹고 돗*****도 전머리 먹는다."

심방이 놀라 사정을 하였다.

"가난한 백성이 어떵 쉐를 잡아서 올릴 수 이시쿠과? 집집마

• **공작머리 짚어지고** 긴 머리 늘어뜨리고
•• **아끈** 작은. 아끈다랑쉬오름은 다랑쉬오름 바로 앞에 있는 작은 오름이다.
•• **우흐로 든 바람 알로 나고** 위에서 들어온 바람 아래로 나가고
‡‡ **쉐** 소
‡‡• **돗** 돼지

다 돛을 잡아 올리도록 허쿠다."

"그럼 그리 하여라."

그로부터 백주또와 소천국의 여섯 째 아들은 김녕 알궤네기 당신이 되었다.

신화, 펼치기

당신앙의 성지 송당본향당

송당본풀이는 송당 마을의 신당인 송당본향당과 관련한 신화이다. 본향당이 있는 송당은 구좌읍에 있는 마을 중 가장 한라산 정상과 가까운 곳에 위치한 중산간 마을이다. 체오름, 거친오름, 민오름, 칡오름, 당오름 등 18개의 오름들이 자리하고 있어 '제주 오름의 본고장'이라고도 한다. 당신화의 대표라고 할 수 있는 '송당본풀이'를 전승하고 있으니 신화의 고장이라고도 할 수 있겠다. 송당은 우리를 신화의 세계로 이끌어주고 상상과 영감을 불어넣어주는 깊고 그윽한 마을이다.

당오름 기슭에 자리한 송당본향당

　이 송당 마을에는 매년 정월 13일에 신과세제(神過歲祭)라는 마을제가 열린다. 이 날은 신에게 세배하는 날이다. '무형문화제 제5호'로 지정된 신과세제는 마을 사람들뿐만 아니라 도내외 관심 있는 사람들까지 참여하는 당굿이기도 하다. 이날 주민들은 닭을 잡아 육수를 내고 메밀칼국수를 만들어 참여한 사람들에게 대접한다.

　송당본향당에는 당신인 백주또가 좌정하고 있다. 신과세제 때 마을 사람들은 신에게 올릴 제물을 정성껏 대바구니인 구덕에 담아 제단에 진설해놓는다. 마을의 어른들은 굿당에 둘러앉

송당본향당 신과세제, 추운 날씨에도 마을 어른들이 자리를 지키고 앉아 있다

아 굿에 참여하고, 젊은 사람들은 음식을 손님들에게 대접하며 당굿이 잘 이루어지도록 한다.

심방은 의례를 행하면서 본향당신을 맞이하고 장구장단에 맞춰서 송당본풀이를 노래하는데, 강남천자국에서 솟아난 백주또가 제주로 들어와 사냥신인 소로소천국과 혼인하고 가족을 이루는 이야기부터 시작한다. 송당 마을의 형성와 관련된 신화가 펼쳐지는 것이다.

송당본풀이를 보면, 백주또가 오곡의 종자와 송아지 망아지를 가지고 서울에서 제주로 내려온다는 내용이 나온다. 이 여신이 한라산에서 사냥을 하며 떠돌아다니던 사냥꾼 '소로소천국'과 부부의 연을 맺고 살림을 시작한다.

여연, 문무병의 『신화와 함께하는 제주당올레』에는 두 신의 결합이 어떻게 하여 마을의 형성으로 이어지는지 잘 설명하고 있다.

신화에서 두 신이 결혼했다는 것은 가정이 성립 되었다는 것을 나타낸다. 그리고 가정의 성립은 정착생활로 이어진다. 사냥을 하며 돌아다니던 사람들이 정착생활을 시작하면서 마을이 형성되기 시작했다는 것이다. 송당본풀이에서 나타난 것처럼 소천국과 백주또가 결혼함으로써 송당이라는 마을의 역사가 시작되었다고 할 수 있다.

백주또와 소천국은 아들 18명, 딸 28명을 낳았다. 이들이 낳은 아들·딸들이 줄이 뻗고 발이 뻗어 378명이 되었고, 이 자식들은 다른 마을의 당신이 되었다고 한다. 이들을 송당계 신이라고 하는데, 이들이 제주도 전역으로 뻗어나갔기 때문에 송당본향당이 제주 신당의 원조라고 하며 백주또를 제주 당신의 어머니라고 한다.

여연, 문무병의『신화와 함께하는 제주당올레』책에 수록된 송당계 신들의 계보를 보면 두 신의 자식들이 어떻게 여러 마을로 퍼져갔는지를 짐작할 수 있다. 다음은 김오생 심방에 의해 구송되는 백주또와 소천국 자식들의 계보이다.

1남 하덕천리 거멀 문국성

2남 대정읍 안덕면 사계리 광정당신

3남 성산읍 신풍리 웃내끼 본향당신

4남 제주시 광양당 당신

5남 제주시 내왓당 당신

6남 제주시 서낭당 당신

7남 구좌읍 한동리 궤본산국

8남 제주시 거로 당신

9남 조천읍 교래리 도리산신또

10남 조천읍 와흘리 고평동 궷드르 산신또

11남 조천읍 와흘리 한거리 하로산또

12남 제주시 동회천동 세미 하로산또

13남 제주시 도련동 산신또

14남 제주시 삼양동 가물개 시월도병서

15남 조천읍 선흘리 알선흘 산신또

16남 구좌읍 김녕리 궤노기한집

17남 표선읍 토산리 서편한집

18남 제주시 도두동 오름허릿당신

백주또와 소천국이 "아들 열여덟, 딸 스물여덟 낳았다"는 것은 인구가 증가하고 마을이 번성했다는 것을 나타내는 것이다. 그런데 딸이 아들보다 훨씬 많은 것으로 나타난다. 이는 공동체 사회 형성 과정에서 토착민과 외래이주민 간의 세력의 불균형이 심화되고 있음을 의미하는 것이라고 문무병은 얘기하고 있다.

아들은 토착민이면서 사냥을 해서 먹고 사는 이들로 점차 세력이 약화되는데 비해, 외래이주민이자 농경정착민을 의미하는 딸은 세력이 강화되고 있음을 보여준다는 것이다. 여성이 우위에 있다는 것은 수렵사회에서 점차 농업정착사회로 마을의 형태가 바뀌고 있다는 것을 나타낸다.

소천국은 한라산을 떠돌아다니며 사냥하는 수렵·목축의 신이다. 고기를 먹는 신이며 배고픈 신이기도 하다. 소천국이 배고픔을 이기지 못해 밭 갈던 소와 남의 소까지 잡아먹어 버리

송당 마을 입구에 있는 백주또와 소천국상

자 백주또에 의해 이혼을 당하게 된다.

수렵사회에서 소는 사냥감으로 배고픔을 달래주는 먹잇감이다. 그러나 농경사회에서는 식용가치보다는 농사를 짓는 데 꼭 필요한 동력으로서의 가치가 더 크다. 그래서 '육식금기'는 농경사회의 관습이 되었다. 소를 잡아먹었기 때문에 쫓겨나는 신의 이야기는 경제 형태가 수렵사회에서 농경정착사회로 바뀌는 과도기의 역사를 대변하는 것이라 할 수 있다.

마을의 번창과 분리

신들의 이혼은 마을의 분리를 의미한다고 한다. "땅 가르고 물 갈라 살림을 분산"하는 이혼의 모티브는 마을의 분리를 나타내는 것이며 생활권이 분리를 의미하는 것이다. 신화 속 사건의 전개는 반농·반수렵의 산간 마을과 반농·반목축의 중산간 마을, 반농·반어업의 해촌 마을로 분리되어가는 과정을 나타내는 것으로 볼 수 있다.

본풀이에서 어린 아들이 아버지의 수염을 잡아당기는 등 버릇없이 굴다가 바다로 버려지는 이야기가 있다. 다시 말하면 부자간의 갈등으로 인해 아들이 마을을 떠난다는 이야기이다. 이러한 이야기는 '아들 간 데 열여덟, 딸 간데 스물여덟, 가지가지 송이송이 뻗어 나가는' 계기, 즉 여러 마을로 나뉘게 되는 과정을 나타낸다.

소천국의 여섯 째 아들은 함에 담겨 동해바다에 띄워진다. 이로 인해 아들에게 새로운 삶의 경험이 펼쳐지는 것이다. 그리고 이역의 배우자(용왕의 셋째 딸)를 만나 결혼하는 모티브는 사냥하는 직업을 버리고 새로운 직업을 받아들이는 과정을 상징한다고 볼 수 있다. 바다와 관련된 체험은 새로운 기능을 가진 당

어촌 마을 김녕의 궤네깃당. 동굴인 '궤'는 붕괴 위험으로 막아놓았다

신(堂神)이 등장하기 위해 필요한 것이라고 할 수 있다.

용왕국에서 혼인을 하여 다시 제주섬으로 돌아온 소천국의 아들은 '김녕'이라는 어촌에 새로 좌정하게 된다. '용궁의 공주' 와 결혼하는 이야기는 어촌 마을에 내려가 반농·반어업의 생활 을 하면서 새로운 어촌 마을 형성된다는 것을 이야기이다.

이와 같이 '하로산'이란 사냥의 신들은 산간에서 중산간으로 해안으로 내려오면서 사냥의 신에서 목축과 농경의 신으로 그 리고 어업의 신으로 변하고 있음을 알 수 있다.

수령이 400여 년이 된 궤네깃당 신목 팽나무

　문무병은 마을의 분리는 신앙권의 분리이며, 신앙권의 분리
는 새로운 환경에서 새로운 삶을 시작하는 생활과 문화의 분리
를 나타낸다고 얘기한다. 새로운 마을이 형성되면 그 마을에 신
당을 만들고 신을 모시게 된다. 그렇게 해서 백주또와 소천국의
아들 열여덟 딸 스물여덟이 각 마을의 당신으로 퍼져나가게 되
는 것이다.

　따라서 '송당본풀이'는 수렵사회에서 농경사회로 넘어가고
새로운 마을이 형성되는 시기의 문화와 역사를 반영한 신화라
고 할 수 있다. 그리고 마을의 세력이 불어나서 산간 마을과 중

산간 마을, 어촌 마을로 분화하는 제주 사람들의 생활사를 반영하고 있는 것이다.

마을과 마을이 갈등과 경쟁 관계에 놓이게 되면, 마을공동체가 강화되고, 당신앙은 마을공동체를 지탱하는 힘으로 작용한다. 그래서 당본풀이라는 신화는 설촌의 역사이면서 민중들의 삶의 역사인 동시에 공동체를 묶어주는 신앙을 대변하는 것이다.

제주 여성의 강인함을 대변하는 백주또

백주또는 남편인 소천국이 소를 잡아먹은 것에 분노하여 이혼할 것을 요구한다. 물론 이러한 이야기는 농경사회에서 소가 식용가치보다는 농사 수단으로서의 가치가 더 중요하게 되었다는 상황을 반영하는 면도 있다. 그러나 백주또는 소천국이 밭을 갈던 자기 소를 잡아먹은 것보다는 남의 소를 잡아먹은 것에 더 분노하고 있다. 이는 사는 데 있어 원칙과 도덕을 중시하고 이를 관철시키는 삶의 자세를 드러내고 있는 것이라 생각한다.

백주또는 많은 자식들을 키우고 있었고 임신까지 하고 있었다. 이런 상황에서 남편이 남의 소를 잡아먹었다고 산림을 분산하자고 요구하는 것은 쉬운 일이 아니다. 전통사회에서는 부인이 잘못했다고 남편에 의해 쫓겨나는 모습을 더 흔하게 볼 수 있다. 그런데 이렇게 단호하게 남편에게 이혼을 요구하는 모습은 바로 제주 여인의 주체적이고 강인한 모습을 반영하는 것이다. 신화는 사람들의 삶과 문화를 대변하기 때문이다.

결국 소천국은 다시 사냥하며 살던 상황으로 돌아가지만 백주또는 자식들과 함께 농사지으면서 살림을 번창시킨다. 그리고 자식들을 분가시켜 각 마을로 퍼지게 만들었다. 백주또를 제주 당신의 어머니라고 하는 이유이다. 제주 당신의 어머니 백주또는 생활력이 강하고 주체적으로 삶을 영위했던 제주 여인들을 대표하는 인물이라 할 수 있다.

백주또가 좌정하고 있는 송당본향당은 지금까지 해마다 당굿을 열면서 잘 보존하고 있었지만 소천국당은 사람들이 다니지 않아 폐당이 되었다. 더 이상 사냥을 하며 사는 사람들이 존재하지 않기 때문에 그들이 모시는 신당에는 발길이 끊어진 것이다. 하지만 요즘은 마을에서 문화 유적지로 소천국당을 발굴하고 관리하며 답사할 수 있도록 하고 있다.

데강? : -ㅂ디까? -ㅂ니까?

예시 하영 먹읍데강? → 많이 먹었습니까?

-젠 : -려고

예시 가젠 허난 막 잡암신게. → 가려고 하니 자꾸 잡고 있네.

-ㄴ 셍 / -ㄹ 셍 : -ㄴ 모양 / -ㄹ 모양

예시 이젠 안 볼 셍이여. → 이젠 안 보려고 하는 모양이네.

-닮다 : - 같다

예시 바당이 거멍헌 거 보난 비 하영 올 거 닮다.

→ 바다가 검은 거 보니 비 많이 올 것 같다.

-ㅂ서. 읍서 : ㅂ시오. 으십시오

예시 졸바로 걸읍서. → 똑바로 걸으십시오.

후다. 허다 : -라고 하다

예시 손님신듸 하영 먹읍센 허여사 혼다.

→ 손님한테 많이 드시라고 하여야 한다.

-아(어)사키여 : -야겠다

예시 잡지 말라. 이젠 가사키여. → 잡지 말아라. 이제는 가야겠다.

-쿠다 : -겠습니다

예시 일이 잘 뒈어시믄 막 좋쿠다. → 일이 잘 되었으면 아주 좋겠습니다.

-크라. -커라 : -겠어

예시 듬직헌게 무게 막 나가커라. → 묵직한 것이 무게가 많이 나가겠어.

-으카마씸? -으카마씀? : -을까요?

예시 이거 가정 가카마씸? → 이것 가져서 갈까요?

6장

순결을 지켜주는
방울 아기씨

방울 아기씨가 개로육서또에게 손목을 잡히고는 분개하여 장도칼로 팔목을 싹싹 깎아버린다. 상상만 해도 끔찍한 이 장면은, 장도칼로 손목을 깎을 만큼 치욕의 심정이라는 것, 그리고 더 이상의 능욕을 용납하지 않으리라는 제주 여인들의 결기를 드러내는 것이라 할 수 있다.

토산본풀이

옛날, 나주 고을에 목사가 부임해오면 오는 족족 부임한 날에 죽음을 맞이했다. 그래서 아무도 나주 고을에 목사로 벼슬 살러 오지 않으려 했다. 급기야 조정에서는 나주 고을 목사로 부임할 사람을 찾는다는 방을 써 붙일 정도에 이르렀다.

이때 강단이 세고 배포 두둑한 양씨가 자청하고 나섰다.

"저를 나주 고을 목사로 임명해주시면 부임해서 석 달 열흘 백일을 채우겠습니다."

아무도 나주 고을 목사가 되겠다는 사람이 없는 터라 양씨는 곧 나주 고을 목사로 임명되었다. 양목사는 많은 관속과 육방하인을 거느리고 와라차차 기세 좋게 나주로 향하였다.

양목사 일행이 금성산 앞을 지나갈 때였다. 통인이 앞을 막아서며 말했다.

"나으리, 말에서 내리십시오. 이 산에는 신기(神氣)가 가득하고 영험한 산으로 마을을 지키는 신 토지관이 좌정하고 있습니다."

"무슨 소리냐? 마을을 지키는 토지관은 내 하나면 족하다. 어서 가자."

양목사가 호령하며 통인을 물리치고 길을 재촉했으나 말이 발을 절며 더 나가지 못했다. 그러나 양목사는 기세가 꺾이기는커녕 더욱 호통을 치며 말에서 내려 금성산으로 달려 올라갔다. 겁을 내던 부하들도 양목사의 기세에 용기를 얻어 우루루 따라갔다.

금성산에 오르니 청기와집이 한 채 보였다. 양목사 일행은 대문을 열어젖히고 마당으로 들어섰다. 그러자 마루에는 월궁(月宮)의 선녀같이 아름다운 아기씨가 반달 같은 용얼레빗으로 쉰 댓 자 머리를 슬슬 빗어 넘기고 있었다.

따라 올라간 양목사 부하들은 아름다운 여신의 모습에 순간 넋이 나가 꼼짝도 하지 못했다. 그러나 양목사는 눈을 부라리며 아름다운 여인을 향해 소리쳤다.

"너는 사람이냐, 귀신이냐? 어서 썩 네 몸으로 환생하지 못할까!"

그러자 아름다운 아기씨는 윗아가리는 하늘에 붙고 아랫아가리는 땅에 붙은 큰 뱀 '천구아구대맹이'가 되어 나타났다. 사람들이 비명을 지르며 뒤로 주춤 물러서는데 양목사가 앞으로 나서며 호령했다.

"더럽고 누추하구나! 여봐라, 장검을 가져오너라!"

부하에게서 장검을 받은 양목사는 칼을 휘둘러 천구아구대맹이 머리를 날려버렸다. 부하들은 양목사의 용맹에 감탄하면서 지시하는 대로 뱀이 살던 청기와집에 불을 질렀다. 삽시간에 청기와집은 한 줌의 재로 변했다. 그러자 머리 잘린 뱀은 앉을 데도 없고 설 데도 없어져 금바둑돌과 옥바둑돌로 변하여 서울 종로 네거리로 가 떨어졌다.

이때, 제주의 강씨형방과 오씨형방, 한씨형방이 미역과 전복 등을 진상하러 서울에 올라오고 있었다. 그들은 종로 네거리를 다니다가 우연이 이 바둑돌을 줍게 되었다.

강씨형방, 오씨형방, 한씨형방은 가져온 진상품을 대궐로 가져가 바치는데 트집 하나 잡히지 않았다. 그들은 바둑돌의 도움이 있다는 걸 알지 못하고 전에 없이 수월하게 잘 넘어간다고 좋아했다.

세 사람은 진상을 끝내고 제주도로 돌아오게 되었다. 처음엔 바둑돌이 신기한 것 같아 소중하게 간직했으나 나중에 보니 별로 대단한 것 같지도 않아 길바닥으로 던져버리고 배를 띄우려 했다. 그런데 이상하게도 바람이 막혔는지 도저히 배를 띄울 수가 없었다.

세 형방은 근처에 이름난 점집을 찾아가 점을 쳤다.

"강씨형방님, 보자기를 풀어보십서. 난데없는 보물이 있을 것이우다. 그 보물을 뱃머리에 모셔냥 굿을 허민 명주 바당°에 실바람이 시르르르 불어올 듯헙니다."

아닌 게 아니라 강씨형방의 보자기를 풀어보니 길가에 던져버린 바둑돌이 그 속에 곱게 들어앉아 있었다.

"아이고, 이 바둑돌이 보물인 모양이우다."

세 사람은 그 바둑돌을 뱃머리에 모셔놓고 제물을 차려 굿을 했다. 그렇게 굿을 해가니 정말 명주 바다에 실바람이 시르르르 불어오는 것이었다.

"아이고, 소망이랏저°°! 영도°° 지꺼지카°°°?"

° **바당** 바다
°° **소망이랏저** 다행이다
°° **영도** 이렇게도
°°° **지꺼지다** 마음속으로 은근히 기뻐하다

세 사람은 좋아하며 배를 띄웠다.

세 사람은 배를 타고 제주 열운이, 지금의 성산읍 온평리로 들어왔다. 그런데 포구에 배를 붙이자 바둑돌은 꽃 같이 어여쁜 아기씨로 변신하였다. 그래서 다른 사람들이 알아차리지 못하는 사이에 스르르 먼저 배에서 내려섰다.

뭍으로 올라온 아기씨는 우선 온평리 당신(堂神)인 명오 부인에게 인사를 드렸다.

"문안드럼수다. 제가 이곳에 좌정하여 살아도 되겠습니까?"

명오 부인은 냉정하게 아기씨를 내치며 말했다.

"이 마을의 토지관°은 나여. 땅도 내 땅이요, 물도 내 물이다. 자손도 내 자손이니 흔저°° 다른 곳으로 가라. 한 마을에 토지관이 둘이 될 수는 없는 노릇이여."

아기씨가 명오 부인에게 사정했다.

"경허민 어딜 가사 임자 없는 마을이 이시쿠과? 부디 일러나 주십서."

"토산리 메뚜기 무루°°°로 가보라."

아기씨는 인사를 드리고 열운이를 떠나서 곰배물로, 삼달리로, 하천리로 나아갔다.

이때 하천리 당신 개로육서또가 탈상봉에 앉아 바둑을 두다가 월궁 선녀같이 아름다운 아기씨가 지나가는 것을 보았다. 개로육서또는 두던 바둑을 던져두고 벌떡 일어섰다.

"사나이 대장부가 곱닥헌°° 여인을 보고 어떵 모른 척헐 수 이시카? 어디 홀목°°°이라도 잡아보저."

개로육서또는 탈상봉에서 순식간에 내려와 토산으로 접어드는 아기씨의 은결 같은 팔목을 털썩 잡았다. 아기씨가 화를 내며 개로육서또를 밀쳐버렸다.

"얼굴은 점잖은 양반인데 하는 행실은 괘씸하기 이를 데 없구나! 더러운 놈 잡았던 홀목을 그냥 둘 수 없다!"

아기씨는 장도칼을 꺼내어 팔목을 싹싹 깎아버리고 천으로 칭칭 감았다. 퍼런 서슬에 놀란 개로육서또는 탈상봉으로 냅다 달아나버렸다.

토산리 메뚜리무루에 가서 사방을 둘러보니 이만하면 자손들에게 대접받으면서 살 만하다는 생각이 들었다. 아기씨는 거기에 좌정하기로 마음을 정하고 먼저 용왕국에 인사를 드리러 들어갔다.

용왕국 황제가 아기씨를 보자마자 얼굴을 찌푸렸다.

"어떵허연 네 몸에서 날 피 냄새가 남시냐?"

"용왕국 황제님이시여, 하천리 당신 개로육서또가 언약도 없이 홀목을 잡기에 은장도로 깎아두고 왔수다."

말을 들은 용왕국 황제가 도리어 혀를 차며 아기씨를 나무

---

* **토지관** 그 마을을 관장하는 관리(여기서는 그 지역을 관장하는 신을 말한다)
** **훈저** 어서, 빨리
*** **무루** 마루, 언덕
**** **곱닥헌** 고운
***** **홀목** 손목

랐다.

"한심허다. 개로육서또 말을 들어시민 앉아도 먹을 만큼 서도 먹을 만큼 복 하영* 받고, 재물 운 붙은 자식 하나 얻을 것을! 굴러오는 복을 차 부리신게."

뜻밖에 용왕황제의 꾸중을 들은 아기씨는 억울하여 뒤도 안 돌아보고 용왕국에서 나와버렸다. 메뚜리무로로 돌아온 아기씨는 그곳에 좌정하여 하녀인 느진덕정하님하고 같이 지내게 되었다.

하루는 느진덕정하님하고 바닷가에 있는 용천수에 빨래를 하러 갔다. 아기씨는 빨래하느라 여념이 없는데 느진덕정하님이 문득 먼 바다를 쳐다보다 왜놈들이 탄 배를 발견했다.

"아기씨, 저기 보십서. 검은여코지로 도둑이 들어왐수다."

뭣이든지 느릿느릿 말을 하는 느진덕정하님이 다급하게 소리쳤건만, 아기씨는 대단한 일로 생각하지 않고 빨래하는 데만 정신을 쏟았다.

때마침 왜놈의 배가 앞바다를 지나다가 돌풍을 만났다. 순식

---

* **하영** 많이

간에 배는 산산조각이 나고 말았다. 그러자 배에 탔던 왜놈들이 헤엄쳐 뭍으로 올라오기 시작했다.

"아이고, 아기씨 상전님아. 저기 보십서. 도둑놈들이 바로 여기로 왐수다. 어서 달아납서!"

그제야 아기씨도 사태를 파악하고 물이 질질 흐르는 빨래를 거두어 담고는 느진덕정하님과 달아나기 시작했다.

"상전님아, 저고리 고름이 풀어졈수다!"

"저고리 고름 묶을 새가 어디 이시냐? 흔저 달리기나 허라."

"상전님아, 치마 고름도 풀어졈수다!"

"치마 고름이 풀어지고 허리 고름이 풀어지고 내 몸이나 감추어보자. 볼기가 나온들 밑이 나오며, 밑이 나온들 볼기가 나오카? 어서 뛰기나 해라."

둘은 숨을 헐떡이며 뛰어 묵은각단밧에 이르렀다.

"상전님아, 머리로 꿩이 날아감수다."

"꿩이 날건 치(雉)가 날건 내 알 바 아니난 흔저 달아나자!"

왜놈들이 뒤를 바짝 쫓아왔다. 이제 붙잡히는 건 시간 문제였다. 아기씨는 다급한 김에 꿩이 숨었던 덤불 속에 머리라도 숨겨보자고 엎드렸다. 그러자 어느새 쫓아온 왜놈이 뒤로 달려들어 은결 같은 아기씨 팔목을 부여잡고 연적(硯滴) 같은 젖가슴을 휘어잡는 것이었다.

왜놈들에게 몸을 더럽혔다고 생각한 아기씨와 느진덕정하님은 구름산에 얼음같이 이 세상을 버렸다. 이를 안 토산 자손들은 예물동산에 쌍묘를 만들어 아기씨와 느진덕정하님을 묻어주었다. 그리고 방울 아기씨를 토산의 당신으로 모시기 시작했다.

아기씨는 이렇게 토산 메뚜기모루에 좌정하여 순결한 처녀들을 지켜주는 토산당신이 되었다. 사람들은 이 토산당신을 '토산서편한집, 방울할망' 등으로 불렀다.

아기씨는 토산당신이 되었으나 토산리 자손들 누구 하나 신으로 대접해주는 이가 없었다. 방울 아기씨는 화가 났다. 그래서 바람을 일으켜 왜놈들의 배를 난파시켜버렸다.

왜구들은 신천리 바닷가 천미포로 들어와 노략질을 시작했다. 이때 토산리의 처녀 오씨아미가 왜구에게 강간당해 죽게 되었다. 이 처녀의 원령이 강씨아미, 한씨아미에게 빙의(憑依)*하여 병들게 만들어버렸다. 강씨아미는 보리방아를 찧다가 갑자기 머리를 풀어헤치고 정신을 잃어 일가친척도 몰라보게 되었다. 한씨아미도 마찬가지였다.

두 집안에서는 야단이 났다. 딸이 정신을 못 차리고 미친 듯이 사방을 헤매고 다니자 심방을 찾아가 점을 쳤다. 그러자 심방은 "신이 의탁한 것이니 큰굿을 해야 된다"고 했다.

급히 택일을 하여 큰굿을 하는데 초감제가 넘어가니 그렇게 정신을 잃었던 강씨아미가 와들랑** 일어나서 말을 하는 것이었다.

"아버님아, 어머님아, 지금 누구를 위한 굿을 하고 잇수과?"

"너를 살리려는 굿이여."

한씨아미도 멀쩡한 얼굴로 심방을 향해 물었다.

"신이성방아, 누구 살리려는 굿을 하고 이시냐?"

"왜놈들에게 억울하게 몸 더럽히고 죽은 아기씨 상전님 살리려는 굿이우다."

강씨아미가 말했다.

"나를 살리젠 허는 굿이믄 연갑(硯匣)에 넣어둔 아버님 첫 서울 갓당 올 때 가정온 명주를 마흔 댓 자 끊어 내 간장을 풀어 줍서."

한씨아미도 심방에게 말했다.

"나를 살리젠 허는 굿이건 명주를 서른 댓 자 끊엉 내 간장이나 풀어줍서."

아기씨 말대로 연갑을 열어 명주를 꺼냈다. 그런데 명주를 풀

• **빙의** 떠도는 영혼이 다른 사람 몸에 붙는 것
•• **와들랑** 벌떡

어보니 옷감 속에 작은 뱀이 뻣뻣하게 말라 죽어 있었다.

"어서 백지 한 장 주시오."

심방은 백지에다 뱀 대가리와 몸뚱이를 그려놓고 굿을 하며 '방울풂'놀이를 했다. 방울은 왜적들로부터 겁탈당해 가슴에 한이 맺힌 응어리를 상징하는 것이다. 심방은 명주를 일곱 매듭으로 묶었다. 그리고는 매듭을 아기씨의 몸에 댔다가 풀고 댔다가 풀기를 거듭했다.

　　마흔여덟 상방울도 풀어내자
　　서른여덟 중방울도 풀어내자
　　스물여덟 하방울도 풀어내자

그렇게 매듭(방울)을 다 풀어내자 아기씨의 정신이 돌아오기 시작했다. 그러나 심방은 고개를 가로 저으며 말했다.

"이것만으로는 깨끗이 낫기 어렵수다. 뒤에 따라오는 잡신들까지 대접해야 합니다."

심방이 시키는 대로 소를 잡고 닭을 잡아 제물로 올렸다. 심방은 굿을 하다가 이번에는 배를 만들어 뒤맞이를 해야 병이 시원하게 났겠다고 했다.

깊은 산에 올라가 나무를 베어다가 배를 하나 지어놓았다. 배에 버섯, 유자, 고사리, 전복 등 명산물을 가득 실어 바다에 띄웠다. 그러자 명주 바다에 실바람이 시르르 일더니 두둥실 배를 바다 한가운데로 실어갔다.

강씨아미와 한씨아미의 신병이 씻은 듯이 나았다. 그래서 오씨와 강씨, 한씨 집안에서는 방울 아기씨를 조상신으로 모시게 되었다. 방울 아기씨는 토산리 마을 사람 전부를 위하는 본향신이 되었다. 그리고 강씨를 상단골, 오씨를 중단골, 한씨를 하단골*로 삼았다.

---

* **상단골, 중단골, 하단골** '단골'은 그 신은 전적으로 섬기는 신앙민을 말한다. 심방 입장에서는 자신이 굿 의례를 전담하는 집안의 사람들을 의미하기도 한다. 보통 상단골, 중단골, 하단골은 나이대 별로 경계를 정한다. 그래서 '마흔여덟 상단골, 서른여덟 중단골, 스물여덟 하단골'이라는 말을 한다. 혹은 주도적으로 나서는 집안에 따라서 상단골과 중단골, 하단골로 나누기도 한다.

신화, 펼치기

토산본풀이에 나타난 제주인들의 미의식

보통 제주도를 '절 오백, 당 오백'이라고 하는데, '절이 오
백 개'라는 말은 과장된 것으로 보고 있지만, '당이 오백 개'라
는 말은 현실성 있는 말로 여겨지고 있다. 문무병이 2008년과
2009년에 걸쳐 조사하고 정리한 '제주신당조사'에 따르면 행정
구역상 등재된 232개 제주도 마을마다 신당이 분포하고 있는
데, 어떤 마을에는 일고여덟 개까지, 작은 마을에는 최소한 한
두 개 이상은 존재하고 있는 것으로 파악되었다. 전체적으로
이름만 남아 있는 경우까지 포함하여 400여 개 정도가 조사된

것으로 보아 '당 오백'이라는 말은 현실을 반영한 말이었다는 걸 알 수 있다.

각 마을의 신당에는 그곳에 좌정한 신(神)이 있고, 신이 좌정하기까지의 이야기, 즉 당본풀이가 전해지고 있다. 어떤 신당에는 비교적 서사구조가 잘 드러나는 본풀이가 있는 반면 어떤 당에는 좌정한 신(神)의 이름과 그 기능 정도만 알 수 있는 '당명'만 남아 있는 경우도 많다. 비교적 서사적 구조가 뚜렷한 신화는 '송당본풀이', '세화당본풀이', '월정당본풀이', '금악당본풀이', '서귀당본풀이', '토산여드렛당본풀이' 등이다.

'토산여드렛당본풀이'는 역사적 사건, '천미포 왜란'과 관계가 있다. 천미포 왜란은 1552년(명종 7년) 왜구가 천미포, 지금의 남제주군 표선면 천미천 앞바다 쪽으로 접근해와서 난동을 부린 사건을 말한다. '한국향토문화전자대전'에 기록된 사건의 경위를 살펴보면 다음과 같다.

552년(명종 7) 5월에 포르투갈인을 포함한 200여 명의 왜적이 중국 상인 등과 함께 8척의 배에 나눠 타고 정의현(旌義縣) 천미포에 흘러 들어와 사람들을 죽이고 재물을 약탈하였다. 2일간이나 전투가 계속되었던 사건으로, 200여 명의 왜구 중

70여 명은 직접 상륙하여 약탈을 자행하였다. 그 가운데 남은 왜적 20여 명이 한라산에 올라 우거진 숲 속에 숨었다. 관군이 왜적 망고삼부라(望古三夫羅)를 생포하였는데, 나머지 왜적들은 본진(本鎭)의 어선을 몰래 탈취하여 도망쳤다.

인근의 상천리, 신천리, 하천리 백성들이 합세하여 물리쳤으나 손실이 막대하였다. 이 사건으로 김충렬(金忠烈) 목사와 김인(金仁) 현감은 파직되어 각각 삼화와 동래로 유배되었으며, 후임으로 남치근(南致勤) 목사와 신지상(愼之祥) 현감이 부임하였다. 또한 왜적 망고삼부라는 성천부(成川府)로 유배시켰다.

1554년(명종 9) 5월에도 왜선 1척이 천미포 근처에 정박하였다가 10여 명이 배에서 내려 육지에 오르자 서로 싸움이 벌어져 그중 왜적 1명을 사살하니 퇴각하였다. 남치근 목사는 2년 뒤 다시 이곳 천미포로 침략해 온 왜구들을 무찔렀다고 한다.

'천미포 왜란'에 대한 역사적 기록은 "왜구들이 천미포로 들어와 약탈을 자행했고, 주민들의 피해가 컸다"는 것으로 내용을 정리할 수 있다. 하지만 이 기록만으로는 구체적으로 어떤 피해를 입었는지, 그리고 주민들의 고통은 어떠했는지에 대하여 알 수가 없다. 그 일을 당한 토산 사람들의 피해의 실상과 고통의 깊이는 기록되지 않은 역사인 민중의 신화, 토산여드렛당 본풀이를 통해서 알 수 있는 것이다.

신화를 보면, 방울 아기씨가 개로육서또에게 손목을 잡히고 는 분개하여 장도칼로 팔목을 싹싹 깎아버리는 내용이 나온다. 상상만 해도 끔찍한 이 장면은 장도칼로 손목을 깎을 만큼 치욕의 심정이라는 것, 그리고 더 이상의 능욕을 용납하지 않으리라는 제주 여인들의 결기를 드러내는 것이라 할 수 있다.

토산당신화를 보면, 왜구에게 겁탈당한 오씨아미가 죽고 그 혼령이 강씨아미와 한씨아미에게 빙의하는 장면이 나온다. 그래서 '방울풂' 굿을 하여 원혼을 위로했을 때 비로소 강씨아미와 한씨아미가 제정신으로 돌아온다. 이러한 이야기는 고통스러운 상황이 끝났다 하여 모든 것이 마무리되고 삶이 다시 이어지지는 않는다는 깨달음을 준다.

꽃다운 처녀들이 왜구들에게 겁탈당해 죽음을 맞이했다. 그리고 살아남은 사람들도 죽은 사람 이상의 고통이 이어지고 제대로 살아가기가 힘든 상황이 지속된다. 산 사람들이 계속 삶을 이어가기 위해서는 죽은 사람의 원혼을 풀어주고, 그렇게 함으로써 산 사람의 고통도 위로하고 풀어주어야 하는 것이다. 그래서 죽은 사람을 위해 굿을 하는 것은, 곧 산 사람을 위해서 굿을 하는 것이기도 하다.

신영복은 『담론』에서 '미(美)'는 곧 '각성'을 의미한다고 했다. 신영복의 미(美)에 대한 담론을 조금 인용해보도록 하자.

미(美)는 아름다움입니다. 그리고 '아름다움'은 글자 그대로 '앎'입니다. 미가 아름다움(즉, 앎)이라는 사실은 미가 바로 각성이라는 것을 의미합니다. 인간에 대하여 사회에 대하여 삶에 대하여 각성하게 하는 것이 아름다움이고 미입니다. 그래서 나는 아름다움의 반대말은 '모름다움'이라고 술회합니다. 비극이 미가 된다는 것은 비극이야말로 우리를 통절하게, 깨닫게 하기 때문입니다. 마치 얇은 옷을 입은 사람이 겨울 추위를 정직하게 만나는 것과 다름이 없습니다.

아름다움은 곧 각성이라는 관점에서 봤을 때, 토산당본풀이는 비극적 이야기를 통해서 토산 사람들의 고통의 깊이와 처절한 몸부림을 생생하게 형상화시키고 있는 아름다움이 담겨 있다고 볼 수 있다. 다시 말하면 토산당본풀이와 굿 의례는 비극적 이야기를 통해서 진실을 각성시키고 고통을 치유하는 연희였던 것이다.

토산리 여드렛당 뱀신인 방울 아기씨는 시집가기 전 처녀의 순결을 지켜주는 당신으로 자리를 잡았다. 그리고 이 신을 모시는 일은 어머니로부터 딸에게 전해진다고 한다. 딸은 시집갈 때 이 신을 모시고 간다. 이 신을 잘 모시면 순결을 지켜주고 집안에 부를 가져다주지만, 잘 모시지 않으면 그 원한은 똬리를 틀고 '방울'로 맺혀 사람에게 병을 일으킨다고 한다. 토산여드렛당이 서귀포 지역으로 퍼져나간 이유가 여기에 있다.

토산여드렛당은 조선시대 정의현에 속하던 지역 전체에 걸쳐 분포하고 있다. 2009년에 발간된 『제주신당조사』에 따르면 토산여드렛당이 성산읍, 표선면, 남원읍, 안덕면, 서귀포시에 38개소가 있는 것으로 조사되었다. 토산여드렛당은 토산 지역뿐만 아니라 한라산 남쪽에 해당하는 현재 서귀포시 전 지역에 분포하고 있는 것이다.

우리는 어떻게 신을 받아들이고 섬기게 될까

전라남도 나주는 벼농사를 짓는 지역이다. 천구아구대멩이라는 뱀이 벼농사 지역에서 들어와 신으로 좌정했다는 이야기는 벼농사 문화가 제주에 유입되었다는 의미를 담고 있기도 하다. 이렇게 나주금성산에서 제주로 내려온 뱀신인 방울 아기씨는 토산여드렛당신으로 서귀포 지역 전역에 분포하고 있다. 어떻게 하여 이렇게 전파될 수 있었을까? 이에 대한 단서는 신화 속에서 찾을 수 있다.

방울 아기씨는 먼저 성산읍 온평리로 들어왔다. 그런데 온평리에는 '명오 부인'이 이미 당신으로 좌정하고 있었다. 그리하여 방울 아기씨는 이곳에 좌정해도 되겠냐고 명오 부인에게 정중히 물어본다. 하지만 명오 부인은 냉정하게 거절했다.

"이 마을의 토지관은 나다. 땅도 내 땅이요, 물도 내 물이다. 자손도 내 자손이니 어서 다른 곳으로 가거라. 한 마을에 토지관이 둘이 될 수는 없는 일이다."

토지관은 그 마을을 관장하는 신이란 뜻이다. 명오 부인은 이미 자신이 온평리를 차지하고 있기 때문에 자신의 세력권 안으로 들어오지 말라고 경고하는 것이다.

이렇게 거절하자 방울 아기씨가 다른 곳을 찾아 떠난다. 기득권을 인정하고 바로 물러난다는 이야기이지만 행간에서 추정할 수 있는 것은 두 세력 간에 다툼이 있었고, 새로이 등장하여 자리를 잡지 못한 방울 아기씨가 다른 곳으로 밀려난다는 것이다. 이미 자리를 차지하여 기득권을 가지고 있는 세력과 새로이 등장하여 자리를 잡고자 하는 세력 간의 작은 종교전쟁이라 할

만하다.

방울 아기씨는 다른 세력이 없는 곳인 토산 메뚜기무루에 좌정하여 순결한 처녀들을 지켜주는 토산당신이 되었다. 방울 아기씨가 겪는 왜구들에 의한 겁탈은 아마도 민중들이 겪은 고초를 신에게 투영한 것이리라.

그런데 방울 아기씨가 이곳에 좌정하였지만 처음부터 순탄하게 사람들로부터 섬김을 받을 수 있었던 것은 아니다. 토산리 사람들은 이 방울 아기씨를 본 체 만 체하여 제대로 대접하지 않았던 것이다. 자신을 외면하는 사람들에게 방울 아기씨는 극단의 방법을 쓰게 된다. 그것은 자신을 외면하는 사람들에게 흉험을 내리는 것이다. 달리 표현하면 저주를 내려 신의 능력을 과시했던 것이다. 방울 아기씨는 마을의 처녀들에게 자신과 똑같이 왜구들에게 겁탈당하도록 하였다.

이것은 자신을 잘 모시면 여인의 순결을 지켜주지만 잘 모시지 않으면 겁탈당하여 순결을 잃게 할 수도 있다는 것을 보여준 것이다. 아마도 '잘 모시지 않으면 순결을 지킬 수 없도록 한다'는 흉험이 아주 효과적이었으리라. 두려움을 가지게 된 사람들이 다시는 결코 외면할 수 없을 테니까 말이다.

그리하여 토산리 사람들은 방울 아기씨를 잘 모실 뿐만 아니라 다른 지역으로 시집을 가면서도 이 신을 모시고 가서 섬기게 되었다. 이것이 여드렛당 신앙이 서귀포 전역으로 퍼져나가게 된 동인이다.

　그럼 왜 제주도 전역에 퍼진 것이 아니라 서귀포 지역 중심으로 퍼졌을까? 이것은 통혼 지역, 즉 혼인을 할 수 있는 통혼 지역이 서귀포 지역이었기 때문이다. 예전에는 말을 타고 하루 만에 도착할 수 있는 곳까지가 통혼 지역이 되었다고 한다. 그래서 한라산을 중심으로 남쪽 지역인 서귀포가 통혼 지역이 된 것이다.

　서귀포 지역의 신당에 가보면, 방울 아기씨를 모시는 토산여드렛당은 그 마을의 본향당이 아니라 본향당 근처에 조그마하게 설립된 당인 경우가 많았다. 본향당에서 당굿을 하고 나서 여인들이 근처 조용한 곳에 설립된 여드렛당에 가서 다시 제를 올리는 것이다.

　예를 들면, 신산리 고장남밧여드렛당인 경우 범성굴왓 할망당 뒤쪽 한 귀퉁이에 자리하고 있다. 길에서 보면 눈에 띄지도 않아 아는 사람만 다닐 수 있는 당이다. 본향당인 범성굴왓할망당에서 당굿을 지내고 나서 여인들이 메(밥)만 따로 차려 뒤에 있는 고장남밧여드렛당에 조용히 가서 제를 올린다고 한다.

　'고장남밧'은 재미있는 제주도 지명이다. 현재는 한자어로 모두 바뀌어 실제 쓰이지는 않는 지명이 이렇게 당 이름에서나

신산리 범성굴왓할망당

접할 수 있는 것이기도 하다. '고장'은 '꽃'의 제주어이고, '밧'은 '밭'을 의미하는 말이다. '꽃이 많이 피어난 밭'이란 의미로 해석할 수 있겠다. 제주에서는 대부분 팽나무를 신목으로 하는데, 이 고장남밧여드렛당은 동백나무를 신목으로 삼는 것이 독특하다.

보통 아기들을 점지해주며 건강하게 키워주는 일뤠할망이 좌정한 일뤠당에 같이 방울 아기씨를 모시는 경우가 많지만 이

할망당 뒤에 위치한 고장남밧여드렛당

렇게 일뤠당 옆에 따로 여드렛당을 설립하여 방울 아기씨를 모시기도 한다. 원래 신당은 대부분 잘 드러나지 않는 조용한 곳에 위치하는 경우가 많다. 그런데 여드렛당은 더욱 은밀하게 잘 드러나지 않는 깊숙한 곳에 자리하고 있다.

계곡으로 굽이굽이 내려간 좁고 가파른 당올레와 세속의 때가 닿지 않을 것같이 깊숙한 곳에 위치한 여드렛당! 제물을 담은 구덕을 등에 지고 가파르게 이어지는 오솔길을 걸어가며 정성을 모아 빌고 또 빌었을 광경을 상상하면 제주의 여인들이

여드렛당으로 가는 당올레

겪었던 고초 또한 같이 느끼게 된다.

현재 토산여드렛당은 메뚜기무루에서 토산포구 근처로 옮겨가 있다. 토산2리 주민들 중 일부가 다닌다고 하는데, 사람에 따라서는 토산에 그런 당이 없다고 부인한다고 한다. 예전에 토산 여자들은 시집갈 때 뱀이 따라간다고 하는 잘못된 인식이 있어서 결혼을 꺼리는 경향이 없지 않아서이다.

도깨비를 모시는 당이 있는 마을에서도 혼사가 깨진 적이 있다는 말을 들었다. 도깨비가 사람 몸에 붙어서 따라간다는 잘못

가파른 계곡 바위 위에 위치한 대포동 여드렛당

된 믿음으로 신랑 집안에서 그 마을 색시를 맞아들이지 않으려 했기 때문이다. 그래서 그 마을 이장은 자기 마을에 도깨비당 이 없다고 극구 부인했고, 실제 자리하고 있는 도깨비당을 폐 허로 방치하고 있었다. 토산과 비슷한 상황인 것이다. 믿음 체 계와 관련한 정신문화를 잘못 이해한 데서 벌어지는 일이라 생 각한다.

토산당신놀림굿 방울품

토산당신놀림굿의 '방울품'에 대해서는 여연, 문무병의『신화와 함께하는 제주당올레』에서 잘 설명하고 있다. 이를 바탕으로 '방울품'에 대하여 간략하게 소개한다.

토산여드렛당본풀이에 나오는 여드렛당신 방울 아기씨는 아름답고 순결한 여신이다. 그런데 이 여신은 억울하게 왜구들에게 겁탈당하고 목숨을 버렸다. 이렇게 원령이 된 방울 아기씨는 신으로 좌정하고도 아무도 대접해주지 않자 노여움을 일으켜 토산의 처녀들 또한 왜구들에게 겁탈당하게 하였다.

이러한 연유로 토산당신놀림굿은 신의 노여움을 달래고 억울하게 죽은 처녀의 원령을 위로하는 굿이다. 이렇게 신의 원령을 풀어주고 잘 모심으로써 신이 환자의 병을 낫게 해주리라는 믿음을 가졌다. 신을 위로하는 굿은 사람을 치유하는 굿이 되는 것이다.

이처럼 심방은 토산당신놀림굿을 하면서 본풀이를 노래하고 신의 본(本)을 풀어 신을 기쁘게 한다. 이 토산당신놀림굿을 '방울품'이라 한다. 이 방울품은 민중의 아픔을 풀어주는 연희라고 할 수 있다.

굿을 할 때 긴 광목천으로 고(매듭)를 만들어놓고 이를 '방울'

심방이 천으로 고(방울)를 만드는 모습

이라고 한다. 심방은 이 방울을 환자의 아픈 곳에 대고 당겨 풀어간다. 심방은 "마흔여덟 상방울도 풀어내자. 서른여덟 중방울도 풀어내자. 스물여덟 하방울도 풀어내자"라고 노래하면서 방울을 풀어가는데, 이 방울이 다 풀렸을 때 환자의 병도 비로소 낫게 된다고 한다.

정희　삼춘, 말 좀 물으쿠다. 동문시장 가젠허민 어떵 가사 헙니까?

행인　아, 동문시장? 일로 굳작 가당 보민 사거리 나온다.

　　　경허민 사거리에서 노단펜으로 가라.

정희　노단펜이 어느 쪽이과?

정인　이착이여. 이착. 주곳디 약국도 싯져.

정희　걸엉 가젠 허민 머우꽈? 버스는 몇 번 타민 되카마씸?

행인　아이고, 걸엉 십분도 안 걸린다. 버스 안 타도 되주.

정희　아, 기마씸? 게민 걸어가사키여. 삼춘 고맙수다 예.

삼춘 : 삼촌
　　특별히 친척관계가 아니더라도 어른을
　　부를 때 '삼춘'이라는 말을 잘 쓴다.
물으쿠다 : 묻겠습니다
가젠허민 : 가려고 하면
어떵 : 어떻게
가사 : 가야
헙니까? : 합니까?
굳작 : 곧장

가당 : 가다가
노단펜 : 오른편
이착 : 이쪽
주곳디 : 근처
싯져 : 있다
허민 : 하면
머우꽈? : 뭡니까?
기마씸? : 그렇습니까?
게민 : 그러면

참고문헌

강영봉, 『말하는 제주어』, 한그루, 2017.

고광민, 『제주 생활사』, 한그루, 2016.

김순이, 『제주신화』, 여름언덕, 2016.

김정숙, 『자청비·가믄장아기·백주또』, 도서출판 각, 2002.

문무병, 『제주도 본향당 신앙과 본풀이』, 민속원, 2008.

문무병, 『설문대할망의 손가락』, 알렙, 2017.

문무병, 『두 하늘 이야기』, 알렙, 2017.

신영복, 『강의』, 돌베개, 2013.

신영복, 『담론』, 돌베개, 2015.

여연, 문무병, 『신화와 함께하는 제주 당올레』, 알렙, 2017.

여연, 『제주의 파랑새』, 도서출판 각, 2016.

이수자, 『제주여성 전승문화』, 제주도, 2004.

이영권, 『새로 쓰는 제주사』, 휴머니스트, 2005.

이형상, 『남환박물』, 푸른역사, 2009.

장주근, 『제주도 무속과 서사무가』, 도서출판 역락, 2001.

현용준, 『무속신화와 문헌신화』, 집문당, 1992.

현용준, 『제주도무속자료사전』, 도서출판 각, 2007.

현용준, 『제주도 신화』, 서문당, 1996.

현용준, 『제주도 사람들의 삶』, 민속원, 2009.

현용준, 『제주도 신화의 수수께끼』, 집문당, 2005.

도판출처

김일영 ⓒ 216쪽.

여연 ⓒ 113쪽, 135쪽, 182쪽, 208~209쪽, 213쪽, 215쪽, 246~249쪽.

유복희 ⓒ 103쪽, 133쪽, 135쪽, 142~143쪽, 144쪽.

제주전통문화연구소 ⓒ 42쪽, 104쪽, 106~109쪽, 111쪽, 178쪽, 181쪽, 251쪽.

조근조근 제주신화 1

초판 1쇄 2018년 10월 22일
지은이 여연 | **편집** 북지육림 | **제작** 제이오
펴낸곳 지노 | **펴낸이** 조소진 | **출판신고** 제2018-000065호
주소 경기도 고양시 일산서구 고양대로 618 601호
전화 070-4156-7770 | **팩스** 031-629-6577 | **이메일** jinopress@gmail.com

ⓒ 여연, 2018
ISBN 979-11-964735-1-8 (04380)
     979-11-964735-4-9 (세트)

이 도서의 국립중앙도서관 출판예정도서목록(CIP)은 서지정보유통지원시스템 홈페이지
(http://seoji.nl.go.kr)와 국가자료공동목록시스템(http://www.nl.go.kr/kolisnet)에서
이용하실 수 있습니다. (CIP제어번호: CIP2018029545)

이 도서는 한국출판문화산업진흥원의 출판콘텐츠 창작 자금 지원 사업의 일환으로
국민체육진흥기금을 지원받아 제작되었습니다.